ひふみ新世紀

岡本天明

神も人も禊ぞ

ひふみ新世紀

◉目　次

ひふみ新世紀

富士をめざして攻め寄する、大船小船あめの船、赤鬼青鬼黒鬼や、おろち悪狐を先陣に、寄せ来る敵は空蔽ひ海を埋めて忽ちに、天日暗くなりにけり、折しもあれや日の国に、一つの光現はれぬ、これこそ救ひの大神と救ひ求むる人々の、目にうつれるは何事ぞ。

攻め来る敵の大将の、大き光と呼応して、一度にドッと雨ふらす、火の雨何んぞたまるべき、まことの神はなきものか、これはたまらぬ兎も角も、生命あっての物種と、兜を脱がんとするものの、次から次にあらわれぬ、折しもあれや時ならぬ、大風起こり雨来り、大海原には竜巻や、やがて火の雨地震ひ、山は火を吹きどよめきて、さしもの敵も悉く、この世の外にと失せにけり。

風やみ雨も収まりて、山川静まり国土の、ところところに白衣の、神のいぶきに甦る、御民の顔の白き色、岩戸ひらけぬしみじみと、大空仰ぎ神を拝み、地に跪き御民らの目にすがすがし富士の山、富士は晴れたり日本晴れ、岩戸開けたり野も山も、草のかき葉もことやめて、大御光により集ふ、楽しき御代とあけにけり、都も鄙もおしなべて、枯れし草木に花咲きぬ、今日まで咲きし草や木は、一時にどっと枯れはてて、つちにかへるよすがしさよ、ただ御光の輝きて、生きの生命の尊さよ、やがては人のくにつちに、うつらん時のたのしさよ、岩戸開けたり御光の、二二に九の花どっと咲く、御代近づきぬ御民等よ、最后の苦労勇ましく、打ち越し呉れよ共々に、手引きあひて進めかし、光の道を進めかし。

元津神代の道は満つ、一時は闇の道、ひらき極み、富士の代々、鳴り成るには弥栄に変わり和すの道、道は弥栄。ひふみ道出で睦び、月の神足り足りて成り、新しき大道みつ。神々みち、ゑらぎ百千万のよきこと極む。いよいよとなり、何も彼も百千とひらき、道栄え道極み進み、道極み真理の真理極む。元の光の神々ゑらぎ、更に進む世、和合まずなりて百の世極みなる。世に光る神々の大道、神々ことごとにゑらぎて大道いよいよ展き進みて、大真理世界の三つは一と和し、鳴り成りて始めて、まことの愛の代極み来る、弥栄の代の神、人、神人わけへだてなく光り輝き、道は更に極みの極みに進み動き、ありとあることごとくの成り結び、更に新しく更に極むるの大道、神代歓喜の代々。国々所々に、神人鳴り動く、道は世にひらき極む、日月地更に交わり結び、その神々ひらき弥栄え、大地固成、まことの神と現はれ、正し、三神は世に出づ、ひふみと鳴り成るぞ。正しくひらけ弥栄へて更につきづ、鳴る道に成り、交わる。永遠の世光ることは永遠の大道、息吹き大地に充ち満つ道。展きてつきず、極り成る神の道。苦む道をひらき、日月地に苦しむ喜び出で、神の国むつび、悉く歓喜弥栄ゆ。

富士は晴れたり日本晴れ。いよいよ次の仕組にかかるから、早う次の御用きいて呉れよ、山晴れ、地晴れ、海晴れ、始めて天晴れるぞ。天晴れて神の働きいよいよ烈しくなりたら、臣民いよいよ分からなくなるから、早う神心になりて居りて下されよ。ひふみの火水とは結ぞ、中心の神、表面に世に満つことぞ、ひらき睦び、中心に火集ひ、ひらく水。神の名二つ、カミと神世に出づ。早く鳴り成り、世、新しき世と、国々の新しき世と栄へ結び、成り展く秋来る。弥栄に神、世にみちみち、中心にまつろひ展き結ぶぞ。月出でて月なり、月ひらき弥栄え成り、神世ことごと栄ゆ。早く道ひらき、月と水のひらく大道、月の仕組、月神と日神二つ展き、地上弥栄みちみち、世の初め悉くの神も世と共に勇みに勇むぞ。世はことごとに統一し神世の礎極まる時代来る。

五三体の大神様五三体の大神様、天之日月の大神様、雨の神様、風の神様、岩の神様、荒の神様、地震の神様、地の日月の大神様、世の元からの生神様、百々の神様の大前に、日々弥栄の大息吹、御守護弥栄に御礼申上げます。この度の三千世界の御神業、弥が上にも、千万弥栄の御働き祈り上げます。三千世界の神々様、臣民人民一時も早く改心いたし大神様の御心に添ひ奉り、地の日月の神と成りなりて、全き務め果します様何卒御守護願ひ上げます。そがためこの身この霊はいか様にでも御使ひ下さいませ。

二二は晴れたり日本晴れ、二二に御社してこの世治めるぞ。五大州ひっくり返りてゐるのが神には何より気に入らんぞ。一の大神様まつれ、二の大神様まつれよ、三の大神様まつれよ、天の御三体の大神様、地の御三体の大神様まつれよ、天から神神様御降りなされるぞ、地から御神神様おのぼりなされるぞ、天の御神、地の御神、手をとりてうれしうれしの御歌うたはれるぞ。〇の国は神の国、神の肉体ぞ、汚してはならんことぞ。今度は根本の天の御先祖様の御霊統と根元のお地の御先祖様の御霊統とが一つになりなされて、スメラ神国とユツタ神国と一つになりなされて末代動かん光の世と、影ない光の世と致すのぢゃ、今の臣民には見当とれん光の世とするのぢゃ、光りて輝く御代ぞ楽しけれく。悪い者殺してしまふてよい者ばかりにすれば、よき世がくるとでも思ふてゐるのか、肉体いくら殺しても魂迄は、人民の力では何うにもならんであろがな。元の魂まで改心させねば、今度の岩戸開けんのぢゃぞ、元の霊に改心させず肉体ばかりで、目に見える世界ばかり、理屈でよくしようとて出来はせんぞ、それ位判って居らうが、判りて乍ら外に道ないと、仕方ないと手つけずにゐるが、悪に魅入られてゐるのぢゃぞ、悪は改心早いぞ、悪神も助けなならんぞ、霊から改心させなならんぞ、善も悪も一つぢゃ、霊も身も一つぢゃ、今度はとことはに変らぬ世に致すのざから、世の元の大神でないと分らん仕組さ。洗濯できた臣民から手柄立てさしてうれしうれしの世に致すから、神が臣民にお礼申すから、一切ごもく捨てて、早う神の申すこと聞いて呉れよ。因縁の身魂は何うしても改心せねばならんのざから、早う改心せよ、おそい改心なかなか六ヶ敷ぞ。神に目を向ければ神がうつり、神に耳向ければ神がきこえ、神に心向ければ心にうつる、掃除の程度によりて神のうつりかた違うぞ。掃除出来た方から神の姿うつるぞ、それだけにうつるぞ。目覚めたら其の日の生命お預りした事を神に感謝し、其の生命を神の御心のままに弥栄に仕へまつる事に祈れよ。神は其の日其の時に何すべきかに就て教えるぞ。明日の事に心使ふなよ。心は配れよ。取越苦労するなよ。心配りはせなならんぞ。何もかも神に任せよ。神の生命、神の肉体となりきれよ。何もかも捨てきらねばならんぞ。

天地皆神のものぞ、天地皆己れのものぞ。神体や神殿が神ではないぞ。神でもあるぞ。取違ひ禁物。鼻高には困る困る。他の教会は病治して一人でも信者多くつくつて立派に教会をつくればそれでよいやうにしてゐるが、この道はそんな所までまごまごさしてはおかれんぞ。高く光るぞ。遠くから拝むやうになるぞ。一切の未来も一切の過去も、総てが現在ぞ。中今ぞ。このこと判るが善ぢゃ。神は総てを知っているのぞ。現在は永遠ぞ。何処からともなく感じて来るもの尊べよ。神の世と申すものは、今の臣民の思ふてゐるやうな世ではないぞ、金は要らぬのざぞ、お土からあがりたものが光りて来るのざぞ、衣類たべ物、家倉まで変るのざぞ。草木も喜ぶ政治と申してあらうがな、誰でもそれそれに先きの分る様になるのぞ。お日様もお月様も海も山も野も光り輝いて水晶の様になるのぞ。天には天の道、地には地の道、人民には人民の道あると申してあろう。同じ道であるが違ふのぞ。地にうつし、人民にうつす時は、地の約束、人民の約束に従ふのぞ。約束は神でも破れんのであるぞ。次元違ふのであるから違つてくるぞ。違ふのが真実であるぞ。それを同じに説いたのが悪の教。同じと思ふのが悪の考え方であるぞ。上から来るものは光となつて流れてくのざ。光に本来影はないのであるが、動くから影が生まれる。それを影でない影と申すぞ。悪ではない悪あると申してあろうがな。天には天の自由、地には地の自由、神には神の、人民には人民の、動物には動物の、それぞれの自由あるぞ。その性の高さ、清さ、大きさなどによつて、それぞれの制限された自由あるぞ。自由あればこそ動くぞ。自由とは弥栄のこと。光は神から人民に与へられてゐる。光に向ふから照らされる。光は　、真、善、美、愛となり、又そのうらの〇、疑、悪、醜、憎となり現はれるぞ。御用の善となり、御用の悪となる。悪にくむは外道の善、外道とは上からの光が一度人民界にうつり、人民界の自由の範囲に於ける凸凹にうつり、それが再び霊界にうつる。それが幽界と申してあらう。その幽界から更に人民にうつつたものが外道の善となり、外道の悪となるのざ。善にも外道あるぞ。心得よ。光は天のみでなく、地からも人民からも、すべて生命あるものから出てゐる、今日までの御教は、悪を殺せば善ばかり、輝く御代が来ると云ふ、これが悪魔の御教ぞ、この御教に人民は、すっかりだまされ悪殺す、ことが正しきことなりと、信ぜしことのおろかさよ、三千年の昔から、幾千万の人々が、悪を殺して人類の、平和を求め願ひしも、それははかなき水の泡、悪殺しても殺しても、焼いても煮てもしゃぶっても、悪は益々ふへるのみ、悪殺すてふ其のことが、悪そのものと知らざるや、神の心は弥栄ぞ、本来悪も善もなし、只み光の栄ゆのみ、八股おろちも金毛も、ジャキも皆それ生ける神、神の光の生みしもの、悪抱きませ善も抱き、あななふ所に御力の輝く時ぞ来るなり、善いさかへば悪なるぞ、善悪不二と云ひながら、悪と善とを区別して、導く教ぞ悪なるぞ、只御光の其の中に、喜び迎へ善もなく、悪もあらざる天国ぞ、皆一筋の大神の、働きなるぞ悪はなし、世界一家の大業は、地の上ばかりでなどかなる、三千世界大和して、只御光に生きよかし、生れ赤児となりなりて、光の神の説き給ふ、誠の道をすすめかし、マコトの道に弥栄ませ。

親と子であるから、臣民は可愛いから旅の苦をさしてあるのに、苦に負けてよくもここまでおちぶれて仕まうたな。鼠でも三日先のことを知るのに、臣民は一寸先さへ分らぬほどに、よう曇りなされたな、それでも神の国の臣民、天道人を殺さず、食べ物がなくなっても死にはせぬ、ほんのしばらくぞ。木の根でも食うて居れ。闇のあとには夜明来る。神は見通しざから、心配するな。手柄は千倍万倍にして返すから、人に知れたら帳引きとなるから、人に知れんやうに、人のため国のため働けよ、それがまことの神の神民ぞ。祈りは弥栄であり、限りない生活であるぞ。生命のイキであるぞ。祈りから総てのもの生れるぞ。誠の喜びの祈りからは○が生命し、かげの祈りからは○が生命するぞ。人祈れば神祈り、人為せば神なる道理ぢや。禁欲は神の御旨でないぞ。欲を浄化して、生めよ。産めよ。今の人民、欲の聖化を忘れて御座るぞ。欲は無限に拡がり、次々に新しきもの生み出すぞ。欲を導けよ。自分だけならば五尺の身体、五十年の生命であるが、霊を知り、宇宙の意志を知り、神にとけ入つたならば、無限大の身体、無限の生命となるぞ。マコトの嬉し嬉しのよろこびとなるのであるぞ。神にくどう申さすことは神国の臣民の恥ぞ。神示は要らぬのがまことの臣民ぞ、神それぞれに宿りたら神示要らぬのざぞ、それが神世の姿ぞ。臣民にわかる様にいふなれば、身も心も神のものざから、毎日毎日神から頂いたものと思えばよいのであるぞ、それでその身体をどんなにしたらよいかと云ふこと分かるであろうが、夜になれば眠ったときは神にお返ししてゐるのざと思へ、それでよく分かるであろうが。身魂みがくと申すことは、神の入れものとして神からお預かりしてゐる、神の最も尊いとこととしてお扱いすることぞ。

この神示皆に読みきかして呉れよ。一人も臣民居らぬ時でも声出して読んで呉れよ、まごころの声で読んで呉れよ、臣民ばかりに聞かすのでないぞ、神々さまにも聞かすのざから、その積りで力ある誠の声で読んで呉れよ。この神示読んでうれしかったら、人に知らしてやれよ、しかし無理には引張って呉れるなよ。この神は信者集めて喜ぶやうな神ではないぞ、世界中の民みな信者ぞ、それで教会のやうなことするなと申すのぞ、世界中大洗濯する神ざから、小さいこと思うてゐると見当とれんことになるぞ。一二三祝詞するときは、神の息に合はして宣れよ、神の息に合はすのは三五七・三五七に切って宣れよ。しまひだけ節長くよめよ、それを三たびよみて宣りあげよ。新しき世とは神なき世なりけり人神となる世にてありけり。世界中人に任せて神々は楽隠居なり、あら楽し世ぞ。この世の頭いたして居る者から、改心致さねば、下の苦労いたすが長うなるぞ、此処までわけて申しても、実地に見せてもまだわからんのか。世界中のことざから、この方世界構ふお役ざから、ちと大き心の器持ちて来て下されよ。金も銀も銅も鉄も鉛も皆出てござれ。それぞれにうれしうれしの御用いくらでも与へてとらすぞ。

おのころの国成り、この国におりましてあめとの御柱見立て給ひき。茲に伊邪那岐命伊邪那美命島生み給ひき。初めに水蛭子、淡島生み給ひき。この御子国のうちにかくれ給ひければ、次にのりごちてのち生み給へる御子、淡道之穂之三別島、伊予の二名島、この島愛媛、飯依比古、大宜都比売、建依別と云ふ。次、隠岐の三子島、天之忍許呂別。次、筑紫島、この島白日別、豊日別、建日向日豊久土比泥別、建日別。次、伊伎島天比登都柱。次、津島、天狭手依比売。次、佐渡島。次大倭秋津島、天津御空豊秋津根別。次、吉備之児島建日方別。次、小豆島、大野手比売。次、大島大多麻流別。次、女島、天一根。次、知訶島、天忍男。次、両児島、天両屋、二島、八島、六島、合せて十六島生み給ひき。次にまたのり給ひて、大島、小島、生み給ひき。淡路島、二名島、おきの島、筑紫の島、壱岐の島、津島、佐渡の島、大倭島、児島、女島、なかの島、二子島の十四島、島生みましき。次に、いぶきいぶきて、御子神生み給ひき。大事忍男神、太事忍男之神、石土昆古神、石土昆古神、石巣比売神、石巣比売神、大戸日別神、オホトヒワケノカミ、天之吹男神、あま之吹男神、大屋昆古神、大屋昆古神、風木津別之忍男神、風木津別之忍男神、海神、海神、大綿津見神、水戸之神、水戸の神、速秋津比神、速秋津比売神、風神、風神、志那都比古神、木神、木神、久久能智神、山神、山神、大山津見神、野神、野紙、鹿屋野比売神、野椎神、鳥之石楠船神、天鳥船神、大宜都比売神、大宜都比売神、火之夜芸速男神、火之輝比古神生みましき。速秋津日子、速秋津比売二柱の神川海に因りもちわけ、ことわけて、生ませる神、沫那芸神、沫那美神、頬那芸神、頬那美神、天之水分神、国之水分神、天之久比奢母智神、国之久比奢母智神、次に大山津見神、野椎神の二柱神、山野に依りもちわけて、ことあげて生みませる神、天野狭土神、国之狭土神、天之狭霧神、国之狭霧神、天之闇戸神、国之闇戸神、大戸惑子神、大戸惑女神、大戸惑女神、大戸惑子神、大戸惑女神生みましき、伊邪那美神やみ臥しまして、たぐりになりませる神、金山比古神、金山比売神、屎になりませる神、波仁夜須比古神、波仁夜須比売神、尿に成りませる神、弥都波能売神、知久産巣日神、この神の御子豊宇気比売神と申す。ここに伊邪那美神、火の神生み給ひて、ひつちとなり成り給ひて、根の神の中の国に神去り給ひき。ここに伊邪那岐神泣き給ひければ、その涙になりませる神、泣沢女神ここに迦具土神斬り給へば、その血石にこびりて石析神、根折神、石筒之男神、雍瓦速日神、樋速日神、建御雷大神、建布都神、豊布都神、御刀の手上の血、闇御津羽神、ここに殺されし迦具土の御首に成りませる神、正鹿山津見神、御胸に於藤山津見神、腹に奥山津見神、陰に闇山津見神、左の御手に志芸山津見神、右の御手に羽山津見神、左の御足に原山津見神、右の御足に戸山津美神、成りましき、ここに斬り給へる御刀、天之尾羽張、伊都之尾羽張、と云ふ。

ひふみ

一二三とは限りなき神の弥栄であるぞ、一《ひ》は始めなき始であるぞ、ケは終りなき終りであるぞ、神の能《ハタラキ》が一二三であるぞ、始なく終なく弥栄の中今《ナカイマ》ぞ。一二三は神の息吹であるぞ、一二三唱えよ、神人共に一二三唱へて岩戸開けるのざぞ、一二三にとけよ、一二三と息せよ、一二三着よ、一二三食せよ、始め一二三あり、一二三は神ぞ、一二三は道ぞ、一二三は祓い清めぞ、祓い清めとは弥栄ぞ、神の息ぞ、てんし様の息ぞ、臣民の息ぞ、けもの、草木の息ぞ。一であるぞ、二であるぞ、三であるぞ、ケであるぞ、レであるぞ、ホであるぞ、◎《うず》であるぞ◎《うず》であるぞ。皆の者に一二三唱へさせよ。五柱御働きぞ、八柱十柱御働きぞ、五十連《いつら》ぞ、意露波（いろは）ぞ、判りたか。

ひふみ、よいむなや、こともちろらね、しきる、ゆゐつわぬ、そをたはくめか、うおえ、にさりへて、のますあせゑほれけ。一二三祝詞《のりと》であるぞ。

たかあまはらに、かむつまります、かむろき、かむろみのみこともちて、すめみおやかむいざなぎのみこと、つくしのひむかのたちはなのおとのあはきはらに、みそぎはらひたまふときに、なりませる。はらひとのおほかみたち、もろもろのまがことつみけがれを、はらひたまへきよめたまへとまおすことのよしを、あまつかみ、くにつかみ、やほよろづのかみたちともに、あめのふちこまのみみふりたてきこしめせと、かしこみかしこみもまおす。あめのひつくのかみ、まもりたまへさちはへたまへ、あめのひつくのかみ、やさかましませ、いやさかましませ。一《ヒト》二《フタ》三《ミ》四《ヨ》五《イツ》六《ムユ》七《ナナ》八《ヤ》九《ココノ》十《タリ》。

一二三の仕組とは、永遠に動かぬ道のことぞ、三四五の仕組とは、みよいづの仕組ぞ、御代出づとは神の御代になることぞ、この世を神の国《クニ》にねり上げることぞ。富士とは火の仕組ぞ、渦うみとは水の仕組ぞ、今に分りて来るのぞ。此れまでの仕組や信仰は方便のものでありたぞ。今度は正味の信仰であるぞ。神に真直に向ふのざぞ。日向《ヒムカ》と申してあろがな。

何もかも神示読めば判る様になってゐる事忘れるでないぞ。此の仕組云ふてならず、云はねば判らんであろうなれど、神示読めば因縁だけに判るのざぞ。石物云ふ時来たぞ、山にも野にも川にも神まつれと申してあること、忘れるでないぞ、何もかも神人共にするのざぞ、夜明けたら、何もかもはつきりするぞ。夜明け来たぞ。

何も彼も三分の一ぢや、大掃除して残った三分の一で、新しき御代の礎と致す仕組ぢや三分六ケ敷いことになっているのを、天の神にお願い申して、一人でも多く助けたさの日夜の苦労であるぞ。カンニンのカンニン、ガマンのガマンであるぞ。

立替致さずにゆけば、この世はゆく程悪くつまるのであるぞ。早う改心せよ。

死ぬか生きるかは人民ばかりでないぞ神々様も森羅万象の悉くが同様であるぞ、しばらくの生みの苦しみ、八の世界から十の世界になるのであるから、今迄の八方的な考え方、八方的な想念や肉体では生きては行かれんのであるぞ、十方的想念と肉体でなくてはならんぞ。

八方的地上から十方的地上となるのであるから、総ての位置が転ずるのであるから、物質も念も総てが変るのであるぞ。これが元の元の元の大神の御神策ぞ、今迄は時が来なかったから知らすことが出来んことでありたなれど、いよいよが来たので皆に知らすのであるぞ。百年も前からそれ洗濯ぢや、掃除ぢやと申してありたが、今日の為であるぞ、岩戸ひらきの為であるぞ。今迄の岩戸ひらきと同様でない、末代に一度の大岩戸（言答）びらきぢや。

神の申すことは一部一厘違はんのであるぞ、今度言ふことを聞かねば大変な気の毒となるぞ、地の下になって了ふのであるぞ、12345678の世界が12345678910の世となりて、012345678910の世となるのぢや、012345678910が○九十《マコト》と申してあろうがな、裏表で二十二ぢや、二二の五ぢや、二二《ふじ》は晴れたり日本晴れぞ、判りたか。

太陽は十の星を従へるぞ、原子も同様であるぞ、物質が変るのであるぞ、人民の学問や智では判らん事であるから早う改心第一ぞ、二二と申すのは天照大神殿の十種《とくさ》の神宝にヽ《テン》を入れることであるぞ、これが一厘の仕組。二二となるであろう、これが富士の仕組、七から八から鳴りて十となる仕組、なりなりあまるナルトの仕組。富士（普字）と鳴門《ナルト》（成答）の仕組いよいよぞ、これが判りたならば、どんな人民も腰をぬかすぞ。一方的に一神でものを生むこと出来るのであるが。それでは終りは完う出来ん、九分九厘でリンドマリぞ、神道も仏教もキリスト教もそうであろうがな、卍《ぶつ》も十《キリスト》もすっかり助けると申してあろうがな、助かるには助かるだけの用意が必要ぞ。用意はよいか。このこと大切ごと、気つけおくぞ。なりなりなりて十とひらき、二十二となるぞ、富士(普字)晴れるぞ、大真理世に出るぞ、新しき太陽が生れるのであるぞ。

千引岩戸をひらくことに就て神は今迄何も申さないでゐたのであるなれど、時めぐり来て、その一端をこの神示で知らすのであるぞ、素盞鳴の命のまことの御姿が判らねば次の世のことは判らんぞ、神示をいくら読んでもカンジンカナメのことが判らねば何にもならんぞ。

ウシトラコンジン様と拝めよ。どんなことでも叶へてやるぞ。拝むには、拝む心、先づ生まねばならん。われよしでは拝めんコンジンさまぞ、天地総てのもの、生きとし生けるもの悉く、よりよくなるやうに働いてゐるのであるぞ。それが神の心、稜威《ミイズ》ぞ。弥栄と申すものぞ。その時、その人間のキに相応した神より拝めん。悪いキで拝めば何んな立派な神前でも悪神が感応するのぢや。悪神拝んでも正しき愛と喜びあれば、善き念が通ずるならば、悪神引込んで、それぞれの善き神現はれるのぢや。この道理よく心得よ。

区別と順をわきまへて居れば、何様を拝んでもよい。時、所、位に応じて誤らねば弥栄えるぞ。同じ愛、同じ想念のものは自ら集つて結ばれる。

第一章　神

神の復活

岩戸しめの始めはナギ（伊邪那岐命）ナミ（伊邪那美命）の命の時であるぞ、ナミの神が火の神を生んで黄泉国《よみの》に入られたのが、そもそもであるぞ、十の卵を八つ生んで二つ残して行かれたのであるぞ、十二の卵を十生んだことにもなるのであるぞ、五つの卵を四つ生んだとも言へるのであるぞ、総て神界のこと、霊界のことは、現界から見れば妙なことであるなれど、それでちゃんと道にはまってゐるのであるぞ。一ヒネリしてあるのぢゃ、天と地との間に大きレンズがあると思へば段々に判りてくるぞ。夫神、妻神、別れ別れになったから、一方的となったから、岩戸がしめられたのである道理、判るであろうがな。その後独り神となられた夫神が三神をはじめ、色々なものをお生みになったのであるが、それが一方的であることは申す迄もないことであろう、妻神も同様、黄《ヨ》泉《ミ》大神となられて、黄泉《ヨモツ》国の総てを生みたもふたのであるぞ、この夫婦神が、時めぐり来て、千引の岩戸をひらかれて相抱き給う時節来たのであるぞ、うれしうれしの時代となって来たのであるぞ。同じ名の神が到るところに現はれて来るのざぞ、名は同じでも、はたらきは逆なのであるぞ。この二つがそろうて、三つとなるのぞ、三が道ぞと知らせてあろうがな。時来りなばこの千引の岩戸を倶《とも》にひらかんと申してあろうがな。

次の岩戸しめは天照大神の時ぞ、大神はまだ岩戸の中にましますのぞ、ダマシタ岩戸からはダマシタ神がお出ましぞと知らせてあろう。いよいよとなってマコトの天照大神、天照皇大神、日の大神揃ふてお出まし近うなって来たぞ。

次の岩戸しめは素盞鳴命に総ての罪をきせてネの国に追いやった時であるぞ、素盞鳴命は天下《あめがした》を治しめす御役の神であるぞ。天ヶ下は重きもののつもりて固まりたものであるからツミと見へるのであって、よろづの天の神々が積《つ》もる（と言《い》ふ）ツミ（積）をよく理解せずして罪神と誤って了ったので、これが正しく岩戸しめであったぞ、命《みこと》をアラブル神なりと申して伝へてゐるなれど、アラブル神とは粗暴な神ではないぞ、あばれ廻り、こわし廻る神ではないぞ、アラブル（現生る）神であるぞ、天ヶ下、大国土を守り育て給う神であるぞ、取違いしてゐて申しわけあるまいがな。このことよく理解出来ねば、今度の大峠は越せんぞ。絶体の御力を発揮し給ふ、ナギ・ナミ両神が、天ヶ下を治らす御役目を命じられてお生みなされた尊き御神であるぞ。素盞嗚の命にも二通りあるぞ、一神で生み給へる御神と、夫婦呼吸を合せて生み給へる御神と、二通りあるぞ、間違へてはならんことぞ。

神武天皇の岩戸しめは、御自ら人皇を名乗り給ふより他に道はなき迄の御働きをなされたからであるぞ。神の世から人の世への移り変りの事柄を、一応、岩戸にかくして神ヤマトイハレ彦命として、人皇として立たれたのであるから、大きな岩戸しめの一つであるぞ。

仏教の渡来までは、わずかながらもマコトの神道の光がさしてゐたのであるなれど、仏教と共に仏魔わたり来て完全に岩戸がしめられて、クラヤミの世となったのであるぞ、その後はもう乱れほうだい、やりほうだいの世となったのであるぞ、これが五度目の大き岩戸しめであるぞ。

比の神示声立てて読みて下されと申してあろうがな、人間ばかりに聞かすのでないぞ。守護神殿、神々様にも聞かすのぞ、声出して読みてさへおればよくなるのざぞよ。

神（天意）の転換

死後のみ説く宗教はゼロの宗教ぢゃ。

他の宗教に走ってはならんと云う宗教もそれだけのもの。判らんと申してもあまりであるぞ。

同じ所に天国もあり、地獄もあり、霊界もあり、現実界もあり、過去も未来も中今にあるのぞ。同じ部屋に他の神や仏をまつってはならんと申す一方的なメクラ宗教にはメクラが集まるのぢゃ。病気が治ったり運がひらけたり、奇蹟が起ったりするのみをおかげと思ってはならん。もちと大き心、深い愛と真の世界を拝めよ。とけ入れよ。浄化が第一。

今迄の日本の宗教は日本だけの宗教、このたびは世界のもとの、三千世界の大道ぞ。教でないぞ。

他の教会は病治して一人でも信者多くつくって立派に教会をつくればそれでよいよう

にしてゐるが、この道はそんな所でまごまごさしてはおかれんぞ。高く光るぞ。遠くから拝むやうになるぞ。

宗教によるもののみ天国に行くと考へるもの、自分の教会のみ天国に通ずると思ふもの、皆悪の眷族ばかり、迷ふなよ、迷ふは慾からぢゃ。体験のみ財産ぞ。

地獄説く宗教は亡びるぞ。地獄と思ふもの、地獄つくって地獄に住むぞ。地獄はげしくなるぞ。うまいこと申して人集めると、うまいこと申して人が去るのであるぞ。人間の力だけでは、これからは何も出来ん、アカの世からキの世になるぞ。世は、七度の大変りと知ろしてあろう。次の世はキの世。

皆何も天国に行くやうになってゐるのではないか。この世でも天国、あの世でも天国。何故、喜び受けぬのぢゃ。宗教は無くなって了ふぞ。まこと光るのぢゃ。光のマコトの宗教生れるのぢゃ。その時は宗教でないぞ。心得なされよ。

仏には仏の世界はあれど、三千年でチョンぞと申してあろう。

物の文明、あしざまに申す宗教は亡びる。文明も神の働きから生れたものぢゃ。

今迄の宗教は肉体を悪と申し、心を善と申して、肉体をおろそかにしてゐたが、それが間違いであるぞ。

汽車あれば汽車に乗れよ。飛行機あれば飛行機に乗れよ。歩いたり、馬で行くのでは間に合はんことになってゐるぞ。昔のままの宗教のやり方ではならん、根本はよくても中々に目的地にはつかん、飛行機時代には飛行機に乗れよ。乗って進む宗教の道によらねばならん。今は今の姿が真実ぞ。そなたの頭で割り切れんと申してブツブツ申すでないぞ。あるものそのものが真実であるぞ。そのあるものを拝み、祝福して其処から出発せよ。現在を祝福することは過去を、未来を、総てを祝福することとぞ。たとへ如何なる現在も、その現在を祝福せねばならん。喜びせねばならん。喜びもとと申してあろうがな。

宗教に生きて、宗教に囚はれるでないぞ。仕事が宗教ぢゃ。小さいことから始めよ。小乗の行と馬鹿にするでないぞ。小乗の行から大乗の真理を摑むのであるぞ。

真の信仰に入ると宗教に囚はれなくなるぞ。形式に囚はれなくなるぞ。真の信仰に入らねば、真の善も、真の信も、真の悪も、真の偽りも判らんのじゃ。今に岩戸ひらいてあきらかになったら、宗教いらんぞ。政治いらんぞ、喜びの歌高らかにナルトの仕組、ふじにうつるぞ。

神から出た教なら。他の教とも協力して共に進まねばならん。教派や教義に囚はれるは邪の教。豚に真珠となるなよ。天国の意志は人間の喜びの中に入り、幽界の意志は悲しみの中に入る。

死後の生活知らすことはよいなれど、それのみによって改心せよと迫るのは悪のやり方。奇蹟を見せ、病気を治してやるのもよいのぢゃが、それのみによって改心を迫ってはならん。それのみで道を説いてはならんぞ。そんなこと位でマコトのホッコン改心が出来るならば、人間は遠の昔に改心して御座るぞ。今迄のやうな宗教は亡びると申してあろうが。亡びる宗教に致して下さるなよ。

今度は末代動かぬ世にするのざから、今までの様な宗教や教への集団にしてはならんぞ、人を集めるばかりが能ではないぞ、人も集めねばならず、六ヶ敷い道ぞ。縁ある人は早く集めて呉れよ。縁なき人いくら集めても何もならんぞ、縁ある人を見分けて呉れよ。人間一度は無くなるところまでになるぞ、今のうちにこの神示よく読んでゐて呉れよ。

この道は宗教ではないぞ、教会ではないぞ、道ざから、今までの様な教会作らせんぞ。道とは人間に神が満ちることぞ、神の国中に神がみちみつることぞ。金儲けさせんぞ、慾すてて下されよ。

信者作るでないぞ、無理に引張るでないぞ、この仕組み知らさなならず、知らしてならんし神もなかなかに苦しいぞ、世の元からの仕組ざから

何処の教会も元はよいのであるが、取次役員がワヤにしてゐるのぞ、今の様は何事ぞ。今までは悪の世でありたから。己殺して他人助けることは、此の上もない天の一番の教といたしてゐたが、それは悪の天の教であるぞ。己を活かし他人も活かすのが天の道ざぞ、神の御心ぞ。他人殺して己助かるも悪ぞ、己殺して他人助けるも悪ぞ、神無きものにして人民生きるも悪ぞ。神ばかり大切にして人民放っておくのも悪ぞ、神人ともにと申してあろうが。神は人に依り神となり、人は神によって人となるのざぞ。マコトの神のおん心わかりたか、今までの教へ間違っていること段々判りて来るであろうがな。

戒律をつくってはならん、戒律がなくてはグニャグニャになると思ふであろうなれど、

戒律は下の下の世界、今の人民には必要なれど、いつまでも、そんな首輪はいらんぞ、戒律する宗教は亡びると申してあろうが。

歓喜に裁きない如く、神には裁きなし。さばき説く宗教はいよいよ骨なしフニャフニャ腰となるぞ、戒律や裁きは低い段階、過去の部分的一面に過ぎん、裁きを説くのは自分で自分をさばいてゐること、人民に罪なし。

悪自由、悪平等の神が最後の追込みにかかってゐるなれど、もう悪の世はすんで岩戸がひらけてゐるのざから、何とやらのように前から外れてアフンぢゃ、七重の花が八重に、八重が九重、十重にひらくのであるぞ、七重はキリストぢゃ、八重は仏教ぢゃ、今の神道ぢゃ、今までの教はつぶれると申してあろうがな。免や角申さず摑める所から神をつかんでついて御座れよ、水は流れる所へ流れてゐるであろうがな、あの姿。

他の神を拝してはならんと云う、そなたの信仰はそれだけのもの、早う卒業結構。

はらひは結構であるが、厄はらひのみでは結構とはならんぞ。それは丁度、悪をなくすれば善のみの地上天国が来ると思って、悪をなくすることに努力した結果が、今日の大混乱を来したのと同じであるぞ。よく考えて下されよ。善と申すも悪と云ふも、皆悉く大神の肚の中であるぞ、大神が許し給へばこそ存在してゐるのであるぞ。この道理をよく会得せよ。はらうと申すのは無くすることではないぞ。調和することぞ。和して弥栄することぞ。厄も祓はねばならんが。福も祓はねばならん。福はらひせよと申してあろうが。厄のみでは祓ひにならん。福のみでも祓ひにならんぞ。厄ばらいのみしたから今日の乱れた世相となったのぢゃ。この判り切った道理が何政に判らんのか。悪を抱き参らせよ。善も抱き参らせよ。抱くには0にならねばならんぞ。

神の行軍

悪のやり方は始めはどんどん行くなれど、九分九厘でグレンぞ、善のやり方始め辛いなれど先行く程よくなるぞ、この世に何一つ出来んと云ふことない此の方のすることぞ。

神の願い

神にささげずにむさぶるからメグリつむのぢゃ。メグリが不運となり、病となるのぢゃぞ、運ひらくのも食物つつしめばよい、言《コトバ》つつしめばよい。

悪く云はれるとめぐり取って貰へるぞ、悪く云ふとめぐりつくるのぢゃ。

心にメグリ積むと動物のイレモノとなるぞ、神のイレモノ、動物等に自由にされてゐて、それでマコトの神の人間と申されるか、判らんと申してあまりであるぞ。

その人間にメグリなくしてもメグリ負ふことあるぞ。人類のメグリは人類の誰かが負はねばならん。一家のメグリは一家の誰かが負はねばならん。果たさねばならん。善人が苦しむ一つの原因であるぞ。神の大きな恵みであり試練であるぞ。判りたか。愛するものほど、その度が濃い程、魂が入っているのぢゃ。

むやみに腹が立ったり、悲しくなったり、くやしくなったりするのは、まだメグリあるからぢゃ、メグリの幽界との因縁が切れて居らぬからぢゃ。

この道に入って始の間は、却って損したり馬鹿みたりするぞ。それはメグリ取って戴いてゐるのぞ。それがすめば苦しくても何処かに光見出すぞ。おかげのはじめ。次に自信ついて来るぞ。胴がすわって来るぞ。心が勇んで来たら、おかげ大きく光り出したのぢゃ。

どんなメグリある金でも持って居ればよいやうに思うて御座るなれど、メグリある金はメグリそのものと判らんか。

メグリと申すのは自分のしたことが自分にめぐって来ることであるぞ。メグリは自分でつくるのであるぞ。他を恨んではならん。

祓ひせよと申してあることは何もかも借銭なしにする事ぞ。借銭なしとはメグリなくすことぞ、昔からの借銭は誰にもあるのざぞ。それはらってしまふまでは誰によらず苦しむのぞ、人ばかりでないぞ。

メグリある金でも物でも持ちてゐたらよい様に思ふてゐるが、えらい取違いであるぞ。

この方、天晴れ表に表《アラワ》れるぞ、これからは神徳貰はんと一寸先へも行けんことになったぞ、御用さして呉れと申してもメグリある金は御用にならんぞ、メグリになるのざ。

自分の物と思ふのが天の賊ぞ、これまで世に出ておいでになる守護神九分九厘迄天の賊ぞ。偉い人愈々とんでもないことになるぞ、捕はれるぞ、痛い目にあわされるぞ、今に目覚めるなれど其時では遅い遅い。おかみも一時は無くなるのざ、一人一人何でも出来る様になりて居りて呉れと申してあること近うなりたぞ、ひの大神気付けて呉れよ、どえらいことになるぞ。一厘のことは云はねばならず云ふてはならず。心と心で知らしたいなれど、心でとりて下されよ、よく神示読んでさとりて呉れよ、神たのむのざぞ。

メグリは一家分け合って、国中分け合って借金なしにして下されよ。この神示肚に入れておれば何んな事が出て来ても胴すわるから心配ないぞ。

引潮の時引けよ。満潮の時進めよ。大難小難にと祈れよ。口先ばかりでなく、誠祈れよ。祈らなならんぞ。口先ばかりでは悪となるぞ。わかりたか。今度は借銭済しになるまでやめんから、誰によらず借銭無くなるまで苦し行せなならんぞ、借銭なしでないと、お地《つち》の上には住めん事に今度はなるぞ。

神示よめよめ。大往生の道。弥栄に体得出来るのであるぞ。心の眼《メ》ひらけよ。

人間のうきせになやむを救うのは「オホカムツミ」の神であるぞ。この用《ハタラキ》の神名わすれてはならん。

神は大難は小難にすること出来るのであるが、無くすることは出来んぞ。

自分一人で生きてゆけんぞ、神許りても生きてはゆけんぞ。

何時も変らぬ松心でおれと申して御座らうがな。

大難小難にと祈れと申してくどう知らしてあろうがな。

今の守護神悪の血《ち》筋眷族であるぞ。

この神示出たら、すぐ血《ち》としておいて下されよ。そなたの為めであるぞ、そなたの為めは人の為め、世の為、三千世界の為めであるぞ。

神は順であるのぞ、順乱れた所には神の能《はたらき》現はれんぞ。何事も順正しくやりて下されよ。

此の方の神示元と判り乍ら他の教で此の道開かうとて開けはせんのざぞ。

神の守護と申すのは人間からはちっとも判らんのであるぞ、判る様な守護は低い神の守護ざぞ。悪神の守護ざぞ。

我が名呼びておすがりすれば、万里先に居ても云ふこときいてやるぞ。雨の神、風の神、岩の神、荒の神、地震の神、と申してお願いすれば、万里先に居ても、この世の荒れ、地震のがらせてやるぞ、神々様に届く行で申せよ。

今までほかに出て居たのは皆神示先《ふでさき》ぢゃ、ここは神示ぢゃ。キの神示ぢゃ。

下の神が上の神の名をかたりて来ることあるぞ。

新しき光とはこの神示ぢゃ。この神ぢゃ。

世の元と申すものは火であるぞ、水であるぞ。

言葉[1]とこの神示[2]と心[3]と行[4]と時[5]の動きと五つ揃たら誠の神の御子ぞ　神ぞ。

世界の何処さがしても今ではココ《九九》より外に、神のマコトの道知らす所ないのざぞ。

神の国が慾しいは、誠の元の国、根の国、物のなる国、元の気の元の国、力の元の国、光の国、真中の国であるからぞ。

磁石も神の国に向く様になるぞ。北よくなるぞ。

海の水がシメであるぞ。鳥居であるぞと申してあろうが、シメで神を押込めてゐたのであるぞ。

神を信じる一日は、信ぜぬ千日よりも尊い。

人間をほめることよいことぢゃ。ほめて、その非をさとらせよ。罪ゆるすことぢゃ。もの生かすことぢゃ。生かして使ふことぢゃ。神示ひろめることぢゃ。やって見なされ。必ずうれしうれしとなるぞ。栄えるぞ。嬉しくなったら神はこの世に居らんぞよ。神示は一本道ぢゃ。

上から見ると皆人間ぢゃ。下から見ると皆神ぢゃ。判りたと思ふて御座るなれど、神の経綸が智や学や、金銀つんで、チョットやソットで判る筈ないぞや。今迄の三千年のやり方違ってゐたこと心つくなれば、心付いて神示よむなれば、一切のことありやかとなるのぢゃ。カンジンぢゃ。

神界の立替ばかりでは立替出来ん。人間界の立て替なかなかぢゃナア。

判らんことは神示にきくがよいぞ。遠慮いらん。そなたは一足飛びに二階に上りたい気持がぬけない。何事も一段ずつ、一歩ずつ進まねばならん。それより他に進み方はないのぢゃ。先づそなたの中にゐるけだものを言向け合さねばならんぞ。よく話し、教へ、導かねばならん。けものを人間と同じにしようとしてはならん。けものはけものとして導かねばならん。金は金。鉛は鉛ぞ。鉛を金にしようとしてはならん。鉛は鉛として磨かねばならんぞ。浄化とはそのこと。世は七度の大変り、いよいよの段階に入ったから、何が何だか、われよしの人間にはいよいよ判らなくなり、あせればあせる程ふかみに落込むぞ。心の窓を大きくひらいて、小さい我の慾をすてると、遠くが見えてくるのぢゃ。見えたら先づ自分の周囲に知らせねばならん。知らすことによって次の道がひらけてくるのぢゃ。自分だけではうれしうれしとならん。うれしくないもの弥栄しないぞ。冬になったら冬ごもりぞ。死ぬ時には死ぬのが弥栄ぞ。遊ぶ時は遊ぶがよいぞ。コトと、時と、その順序さへ心得て御座れば、何をしても、何を話しても、何を考へてもよいのぢゃ。

そなたは神示よくよんでゐるが、それだけでは足らん。神示を肚に入れねばならん。つけ焼刃ではならん。神示を血とし生活すれば、何事も思ふ通りスラリスラリと面白い程栄えて来るぞ。思ふように運ばなかったら省よ。己が己にだまされて、己のためのみに為してゐることに気つかんのか。それが善であっても、己のためのみならば死し、善のための善ならば弥栄えるぞ。神示見て居らぬとびつくりが出てくるぞ。この世始ってないことが出てくるのぢゃ。

そなたは何神様でも仏でも、何でも彼でも拝んでいるが、その順序と区別がよく判ってゐないぞ。判らずにめくらめっぽう拝んではならん、心得なされよ。そなたは忙しい忙しい、神示よむ間もないと申してゐるが、忙しいのは神のめぐみであるぞ。よどんだ水はくさるのぢゃ。忙しい中にこそ、神示よむ時があるのぢゃ、逃道をつくてはならん。

これだけに、世界に荒事をさして見せて、神示通りに出て来ても、まだ目醒めんのか。まだまだ改心中々ぢゃなぁ。悔い改めよ。顧みよ。恥ぢ畏れよ。慎めよ。その日その時からよくなるぞ。この神示、針の穴程も違はん。書かしたことそのまま出て来るぞ。

この神示に縁あるものには、天使の働き位のこと、すぐに判るミタマ授けあるのに、今の姿は何事ぞ。ボタン押せよ。燈台もとへ来て、明るうなると思い違い、もとへ来てあかりとなれよ。光となれよ。

為さねば後悔ぞ。始めからの神示読めば判るやうに示してあるでないか。神示読まんから迷ふのぞ。神示はちっとも違はん。違ふと思ふことあったら己の心顧みよ。その心曇ってゐるのであるぞ。メグリなくなれば神が有難いのぢゃ。人間無くては神ばかりでは、この世のことは出来はせんぞ。神が人間になって働くのぞ。人から見てあれならばと云うやうになれば、この方の光出るのぢゃ。行出来ねばお出直し。お出直し多いなあ。

この神示読むとミタマ磨けるぞ。神示読むと改心出来るぞ。暮し向きも無理なく結構に弥栄えるぞ。まだ判らんのか。苦しいのは神示読まんからぢゃ。金の世すみて、キの世来るぞ。

神示読めずに、順乱して来るぞ。慾出して下さるなよ。順乱れる所に神のはたらきないぞ。人間自由にせよと申して、悪自由してはならん。

少しの時の早し遅しはあるなれど、何れは神示通りに出て来るぞ。

慢心出るから神示読まんやうなことになるぞ。肚の中に悪のキ這入るからぐらぐらと折角の屋台骨動いて来るぞ。

一分一厘、力一杯、違はんこと書かしてあるのぢゃ。色眼鏡で見るから、違ったことに見えるのぢゃ。神示、嘘ぢゃと申すやうになるのぞ、眼鏡外して、落付いてみて、肚で見て下されよ。世の先先のことまではっきりと写るぞ。そなたの心の中にゐる獣、言《コト》向けねばならん。善きに導かねばならん。一生かかってもよいぞ。それが天国に行く鍵であるぞ。マコトの改心であるぞ。智慧はよいのであるが、主の座にゐてはならん。愛が主の座にならねばならん。物は愛から生れるぞ。ウムものがもとぢゃ。生まれるものはナルのぢゃ、ナルには智慧でなるのぢゃ。

　四季はめぐる。めぐる姿は◎《ウズ》であるぞ。◎《ウズ》は働き、上れば下り、下れば上る。この神示読んだ今が出船の港、神の恵みの時与へられてゐるのぢゃ。明日と申さず実行せよ。明日は永遠に来ないぞ。無いものぞ。今のみあるのぢゃ。

　神示肚に入れないで御用六ヶ敷いぞ、はじめは目標つくって進まんと、行ったり来たり同じ道をドウドウめぐりぢゃ。摑める所から摑んで行けよ。拝んで行けよ。統一した幸福こそ、ふじ晴れの幸福ぞ。

　芽を出したから間引かなならん。神示読んで、神示読まん人間と神示肚に入り込んでもう大丈夫と、神が見届けた人間と間引くのであるぞ。肚に入った芽は間引いて他に植ゑるかへるのぢゃ。読んで読まんもの、間引いて肥料とするぞ。

　この神示、肚に入ったらグレンと変りて来るぞ。早う肚に入れて下されよ。間に合はん。天の声は内から聞こえて来る、人間の言葉は外から聞こえて来る。霊耳と申すは内からぞ。耳ふさいでも聞こえて来るのぢゃ。

この神示（ふで）よく読みて呉れよ、読めば読むほど何もかも分かりて来るぞ。心とは人間の申す心でないぞ、身たまとは身と魂と一つになってゐるもの云ふぞ。

この神示読んでうれしかったら、人に知らしてやれよ、しかし無理には引張って呉れるなよ。この神は信者集めて喜ぶやうな神でないぞ、世界中の民みな信者ぞ、それで教会のやうなことするなと申すのぞ。世界中大洗濯する神ざから、小さいこと思うてゐると見当とれんことになるぞ。

この神示皆に読みきかして呉れよ。一人も人居らぬ時でも声出して読んで呉れよ、まごころの声で読んで呉れよ、人間ばかりに聞かすのでないぞ、神々様にも聞かすのざから、その積りで力ある誠の声で読んで呉れよ。

この神示よく読みてさへ居れば病気もなくなるぞ、さう云へば今の臣民、そんな馬鹿あるかと申すがよく察して見よ、必ず病も治るぞ、それは病人の心が綺麗になるからぞ、洗濯せよ掃除せよと申せば臣民分らんから、あわててゐるが、この神示よむことが洗濯や掃除の初めであるぞ、神は無理は言はんぞ、と申しても仕事をよそにしてはならんぞ。人間と申すものは馬鹿正直ざから、神示よめと申せば、神示ばかり読んだならよい様に思うてゐるが、裏も表もあるのぞ。

味方同士が殺し合ふ時、一度はあるのざぞ。大き声で物言へん時来ると申してあろがな。之れからがいよいよざから、その覚悟してゐて下されよ。一二三が正念場ぞ。人間が思ふてゐる様な事でないぞ。この神示よく腹に入れておけと申すのぞ。ちりちりばらばらになるのざぞ、一人々々で何でも出来る様にしておけよ。

一升枡には一升しか入らぬと人間思ふてゐるが豆一升入れて粟入れる事出来るのざぞ。その上に水ならばまだはいるのぞ。神ならばその上にまだ幾らでもはいるのざぞ。神が移りたら人が思はぬ事出来るのざぞ。今度は千人力与へると申してあろう。

今までに出してゐた神示よく腹に入れておいてくれよ、知らせねばならず、知らしては仕組成就せず、人間早う洗濯して鏡に映る様にしてくれよ。今の世地獄とわかってゐるであろうがな。今のやり方悪いとわかってゐるであろうがな。神まつれと申すのぞ。鉄砲や智では悪くするばかりぞ。この神示よみて聞かしてくれよ。読めば読むほどあかるくなるぞ。

この神示よく読みてくれよ。早合点してはならんぞ。取違ひが一番怖いぞ。どうしたら人の為になるのぞ。自分はどうしたら好いのぞときく人沢山出て来るなれど、この神示読めば、どうしたらよいか判るのざぞ。その人相当にとれるのぞ。神示読んで腹に入れてもう分らぬと云ふことないのざぞ。分からねば神知らすと申してあろうがな。迷うのは神示読まぬからぞ。腹に入れておらぬからぞ。人が悪く思へたり、悪くうつるのは己が曇りてゐるからぞ。

元からの神示腹に入れた人が、これから来る人によく話してやるのざぞ。この道はじめは辛いなれど楽の道ぞ。骨折らいでも素直にさへしてその日その日の仕事をしておりて下されよ。心配要らん道ぞ。手柄立てようと思ふなよ。勝たうと思ふなよ。生きるも死ぬるも神の心のままざぞ。どこにどんな事して居ても助ける人は助けるのざぞ。神の御用ある臣民安心して仕事致しておりて下されよ。火降りても槍降りてもびくともせんぞ。心安心ぞ。くよくよするでないぞ。神に頼りて神祀りてまつわりておれよ。神救ふぞ。

かんじんの神示むやみに見せるではないぞ、仕組こわれるぞ。

この神示は心通りにうつるのざぞ、思い違ふといくら神示読んでも違ふことになるぞ、心違ふと今度はどんなに偉い神でも人でも気の毒出来るぞ、この方クヤム事嫌いぞ、次の世となれば、これ迄の様に無理に働かなくても楽に暮せる嬉し嬉しの世となるのざぞ、人間今は人の手に握ってゐるものでもタタキ落して取る様になりてゐるのざから神も往生ざぞ、神は人間楽にしてやりたいのに楽になれて、自分でした様に思ふて神をなきものにしたから今度の難儀となって来たのざぞ、其処にまだ気付かんか、キが元ざと申してあろうがな、早う気付かんと間に合はんぞ、この神は従ふ者にはおだやかざが、さからふ者には鬼となるのざぞ。

神示腹の腹底まで浸むまで読んで下されよ。神頼むぞ。覚《さと》った方神示とけよ。といて聞かせよ。信ずる者皆人に知らしてやれよ。神示読んで嬉しかったら、知らしてやれと申してあろうが。神示の代りに三身《ミミ》に知らすと申してある時来たぞ。愈々の時ぞ。神示で知らすことのはじめは済みたぞ。実身《ミミ》掃除せよ。三身に知らすぞ。実身に聞かすぞ、聞かな聞く様にして知らすぞ。つらいなれど、がまんせよ。ゆめゆめ利功出すでないぞ。判りたか。

この世を創った太神の神示ぞ、一分一厘違わんことばかり、後になって気がついても、その時ではおそい、この神は現在も尚、太古を生み、中世を生み、現在を生み、未来を生みつゝあるのぞ、この道理判りて下されよ、世界は進歩し、文明するのでないぞ、呼吸するのみぞ、脈博するのみぞ、変化するのみぞ、くるくる廻るのみぞ、歓喜弥栄とはこのことぞ。

この神示は、神と竜神と天人天使と人民たちに与へてあるのぢゃ、天界での出来事は必ず地上に移りて来るのであるが、それを受け入れる、その時の地上の状態によって早くもなればおそくもなり、時によっては順序も違ふのであるぞ、人民は近目であるから色々と申すなれど、広い高い立場で永遠の目でよく見極めて下されよ、寸分の間違いもないのであるぞ、これが間違ったら宇宙はコナミジン、神はないのであるぞ。

生命《いのち》あるうちに神の国のこと知らずに死んでから神の国に行くことは出来んぞ、神の力でないと、もう世の中は何うにも動かんやうになりゐること、上の人どの分かりて居ろうがな、何うにもならんと知りつつまだ智や学にすがりてゐるやうでは上の人とは申されんぞ、智や学越えて神の力にまつはれよ。神おろがみて神示取れよ、神のない世とだんだんなりておろがな。真通《まつ》ることは生かす事ぞ。生かす事は能《はたら》かす事ぞ。

世変りたら生命長くなるぞ。今迄上にあがりて楽してゐた守護神は大峠越せん事になるぞ。肉体あるうちに改心しておかんと、霊になっての改心なかなかぞ。

神のげき励

引寄せる身魂は、天で一度改めて引寄せるのであるぞ。

毒にも薬にもならん人間草木にかへしてしまふぞ。

人間の因縁性来はみな神示にかかしてあるぞ。そなたのこと何も彼も一目ぢゃ。因縁判ってうれしうれしで御用結構。うれしおそろしくなる仕組。

そなたは何万年の原因から生れ出た結果であるぞ。不足申すでないぞ。因縁あるみたまが集まって来て人のようせん辛棒して、世界の立替立直しの御用致すのであるから、浮いた心で参りて来ても御役に立たん。邪魔ばかりぢゃ。因縁のみたまは何んなに苦しくても心は春ぢゃ。心勇まんものは、神示よんで馬鹿らしいと思ふものは、遠慮いらんから、さっさと帰りて下されよ。神はもう、気嫌とりは御免ぢゃ。

因縁の身魂は何うしても改心せねばならんのざから、早う改心せよ、おそい改心なかなか六ヶ敷ぞ。神は帳面につける様に何事も見通しざから、神の帳面間違ひないから、神の申す通りに、分らんことも神の申す通り従ひて呉れよ。初めつらいなれどだんだん分りて来るから、よく言ふこと聞いて呉れよ。

ミタマの因縁によって、それぞれに目鼻つけて、悪も改心さして、善も改心さしての岩戸開きざから、根本からつくりかへるよりは何れだけ六ヶ敷いか、大層な骨折りざぞよ。叱るばかりでは改心出来んから喜ばして改心さすことも守護神にありてはあるのざぞ、聞き分けよい守護神殿少いぞ、聞き分けよい悪の神、早く改心するぞ、聞き分悪き善の守護神あるぞ。この道の人々は昔からの因縁によってミタマ調べて引寄せて御用さしてあるのざ、めったに見当くるわんぞ、神が綱かけたら中々はなさんぞ、逃げられるならば逃げてみよれ、くるくる廻って又始めからお出直して御用せなならん様になって来るぞ。ミタマ磨け出したら病神などドンドン逃げだすぞ。

人間それぞれのミタマによって役目違ふのであるぞ、手は手、足は足と申してあろう、何も彼もマゼコゼにやるから結びつかんのぢゃ。

ミタマ磨けてさへ居れば、心配なくなるぞ。心配は、磨けて居らぬ証拠ぞ。

ミタマ磨きとは善いと感じたこと直ちに行ふことぞ。

マコトの益人作るのぞ、此んな事申さんでもやらねばならぬ事ざぞ、神は一人でも多く救ひ度さに夜も昼も総活動してゐる事会得るであろがな、神かかれる人早う作るのぞ、身魂せんたくするぞ、神かかりと申しても孤憑きや天狗憑や行者の様な神憑りでないぞ、マコトの神憑りであるぞ。

ミタマ磨きと申すのは、神からさづかってゐるミタマの命令に従ふて、肉体心すてて了ふて、神の申すことはそむかん様にすることぞ。学や智を力と頼むうちはミタマは磨けんのざ。学越えた学、智越えた智は、神の学、神の智ざと云ふこと判らんか、今度の岩戸開きはミタマから、根本からかへてゆくのざから、中々であるぞ、天災や戦ばかりでは中々らちあかんぞ、根本の改めざぞ。小さいことと思ふてゐると判らんことになると申してあろがな、この道理よく肚に入れて下されよ。

世はクルクルと廻るのざぞ、仕合せ悪くとも悔やむでないぞ、それぞれのミタマの曇りとりてゐるのざから、勇んで苦しいこともして下されよ、上が裸で下が袴はくこと出て来るぞ。神が化かして使うてゐるのざから、出来上る迄は誰にも判らんが、出来上りたら、何とした結構なことかと皆がびっくりするのざぞ、びっくり箱にも悪いびっくり箱と、嬉し嬉しのびっくり箱とあるのざぞ、何も知らん人間に、知らんこと知らすのざから、疑ふは無理ないなれど、曇りとれば、すぐうつる、もとの種もってゐるのざから、早うこの神示読んで洗濯して呉れよ、どんな大峠でも楽に越せるのざぞ、神の道は無理ない道ざと知らしてあろが。ミタマの因縁おそろしいぞ上下わき上るが近うなりたぞ。

生めば生む程、自分新しくなり成り、大きくなる。

行き詰りがありがたいのぢゃ。進んでいるからこそ、行きあたり行きつまるのぢゃ。

省る時与へられるのぢゃ、さとりの時与へられるのぢゃ。

生《ウム》と申すことは、自分をよりよく生長さすこと。一つ生めば自分は一段と上に昇る。この道理わかるであろうがな。産むことによって、自分が平面から立体になるのであるぞ。毎日、一生懸命に掃除してゐても、何処かにホコリ残るもんぢゃ。まして掃除せん心にホコリつもってゐること位、誰にでも判ってゐるのであろうが。神示で掃除せよ。

自分が生んだもの、自分から湧き出るものは、いくら他に与へてもなくならんぞ。与へよ、与へよ、与へてなくなるものは自分のものでないと申してあろう。無くなると思ふのは形のみ見てゐるからぢゃ。カラのみ見るからぢゃぞ、本質は無限に拡がるぞ。与へる程よりよく、神から与へられるぞ。井戸の水のようなもんぢゃ。汲めば汲むほどよくなる仕組。

信じ合ふ一人が出来たら一つの世界を得たこと。一つ得たら二つになったことぞ。

神のく徳

そなたはこの神ときわめて深い縁があるのぢゃ。縁あればこそ引よせて苦労さしてゐるのぢゃ。今度の御用は苦の花咲かすことぢゃ。真理に苦の花さくのであるぞ。因縁のそなたぢゃ、一聞いたら十がわかるのぢゃ。云われんさきに判ってもらわねばならんぞ。知らしてからでは味ないぞ。十人並ぞ。今度の御用は千人力、十人並では間に合わんぞ。人間の目は一方しか見えん。表なら表、右なら右しか見えん。表には必ず裏があり、左があるから右があるのぢゃ。自分の目で見たのだから間違いないと、そなたは我を張って居るなれど、それは只一方的の真実であるぞ。独断は役に立たんぞと申してあろうが。見極めた上にも見極めねばならんぞ。霊の目も一方しか見えんぞ。霊人には何でも判ってゐると思ふと、大変な間違い起るぞ。一方と申しても霊界の一方と現界の一方とは一方が違ふぞ。

一度申したこと何処迄もつらぬくそなた結構ぞ。なれども囚われているぞ。この神はちと大きな、今迄にない大変いたすのであるから、あまり小さく囚われていると判らんことになってくるぞ。

神は宇宙をつくり給はず。神の中に、宇宙を生み給うたのであるぞ。

神は人となりたいのぢゃ。人は神となりたいのぢゃ。人は神のいれもの、神は人のいのち。

何が何だか判らんことになると申してあろうが。早う神示肚に入れておけよ。己に逆ふは神に逆ふものぞ。己拝むは神拝むもの。キリキリ舞、目の前。

神様も神様を拝み、神の道を聞くのであるぞ。

今度此処へ神が引寄せた者は、みなキリストぢゃ。釈迦ぢゃぞと申してあろう、磨けば、今までの教祖にもなれるミタマばかりぞ。それだけに罪深いぞ。岩戸あけて、めぐり果せたいのぢゃ、このこと肚によく判るであろうが。

神の御用と申してまだまだ自分の目的立てる用意してゐるぞ。自分に自分がだまされんやうに致してくれよ。自分の中に善の仮面を被った悪が住んでゐるに気付かんか。はらい清めの神が素盞鳴《スサナル》の神様なり。サニワの神は艮《うしとら》の金神様なり。それぞれにお願いしてから、それぞれのこと行ぜよ。

神々の数は限りないのであるが、一柱づつ御名を称《たた》へてゐては限りないぞ。大日月地の大神と称へまつれ。総ての神々様をたたへまつることであるぞ。日は父、月は母、地は自分であるぞ。自分拝まねばどうにもならんことになって来るぞ。一日が千日になったぞ。

神忘れるなよ。世を捨て、肉をはなれて天国近しとするは邪教であるぞ。合せ鏡であるから片輪となっては天国へ行かれん道理ぢゃ。迷信であるぞ。金で世を治めて、金で潰して、地固めしてミロクの世と致すのぢゃ。三千世界のことであるからちと早し遅しはあるぞ。少し遅れると人間は、神示は嘘ぢゃと申すが、百年もつづけて嘘は云へんぞ。申さんぞ。

仏の力と神の力と同じでないぞ。同じ処までは同じであるが。もう此処まで来たら、この先は神の道でなくては動きとれん。神の大道は上の上であるぞ。神の道を明かにすれば、神はその人を明かにする。

神と人との和は神よりなさるものであるぞ。働きかける力は神から出るのであるから人間から和し奉らねばならんのであるぞ。

　この先は神の力戴かんことには、ちっとも先行かれんことになるぞ。行ったと思うてふり返ると、後戻りしてゐたのにアフンぞ。心得なされよ。何も彼も存在許されてゐるものは、それだけの用あるからぞ。近目で見るから、善ぢゃ悪ぢゃと騒ぎ廻るのぞ。大き一神を信ずるまでには、部分的多神から入るのが近道。大きものは一目では判らん。この方世に落ちての仕組であるから、落して成就する仕組、結構。神様は親、四角張らずに近寄って親しんで下されよ。

　拍手《かしわで》は清めであるが、神様との約束固めでもあるぞ。約束たがへるでないぞ。神は人間に改心さして、世の立替立直し致さうと思うたのであるが、曇りがあまりにひどいから、何事のびつくりが出るか、もう神も堪忍袋の緒切れたぞ。

　放っておいても神に背くものは自滅して行き従ふものは弥栄えて行くぞ。其処に神の用、よく見とりて下されよ。人間の処理方法と神の処理方法と融和せねばならん、急がねばならず、急いでは谷底に落ちて出来損ふぞ。ありとあるもの、何んでも彼んでも天地の御用持ってゐるのぞ。そのものの勝手な道は許さんぞ。大き喜びの中に、小さい自分の喜び大きく栄えるぞ。大きな生命にこそ小さい自分のマコトの喜びが弥栄えるのであるぞ。判りたか。

そなたが神つかめば、神はそなたを抱くぞ。神に抱かれたそなたは、平面から立体のそなたになるぞ。そなたが有限から無限になるぞ。神人となるのぢゃ。永遠の自分になるのであるぞ。他のためにに行ぜよ。神は無理申さん。始めは子の為めでもよい。親の為めでもよい。自分以外の者の為めに、先ず行ぜよ。奉仕せよ。嬉し嬉しの光さしそめるぞ。はじめの世界ひらけるぞ。

落ちてゐた神々様、元へお帰りなさらねばこの世は治まらんのであるぞ。一人一人ではいくら力ありなされても物事成就せんぞ。それは地獄の悪のやり方。一人一人は力弱くとも一つに和して下されよ。二人寄れば何倍か、三人寄れば何十倍もの光出るぞ。それが天国のまことのやり方。

神の申すやうにすれば、神が護《まも》るから何事も思ふ様にスラリスラリと心配なく出て来るぞ。

神様を真剣に拝めば、神様は人間様を真剣に拝んで下さるぞ。結構に導いて下さるぞ。

まかせ切らねばマコトの安心立命ないぞ。まかせ切るには、まかせ切って安心出来る神をつかまねばならん。おかげ信心や病気治しの神ではまかせ切れまいがな。早う合点結構ぞ。大きな生命に通ずるものには死はないぞ。通じなければ死あるぞ。

神は額から入って顔全体に至り、全身に及ぶものであるぞ。

神は理窟ではない。生きた自由自在の、見当とれん、絶対であるぞ。只求めるより外に道ないぞ。親呼ぶ赤児の声で神を求めよ。神に呼びかけよ。総てを投出せよ。まかせ切れよ。神は喜びの光となって、そなたに現はれて来るぞ。

神は人間の想念の中に入って来るのぢゃ。想念が一致するから神の想念が人間に伝はるのぞ。人間の言葉となって人間に現はれる。言葉は神であるが人間でもあるぞ。自分が自分に語るのであるぞ。この道理、よく心得なされよ。

神に目を向ければ神がうつり、神に耳向ければ神がきこえ、神に心向ければ心にうつる、掃除の程度によりて神のうつりかた違うぞ。掃除出来た方から神の姿うつるぞ、それだけにうつるぞ。

神なぞ何うでもよいから、早く楽にして呉れと言ふ人沢山あるが、こんな人は、今度はみな灰にして、なくして仕まふから、その覚悟して居れよ。

神様と人間同じ数だけあるぞ。それぞれに神つけるから、早う身魂みがいて呉れよ、みがけただけの神をつけて、天晴れ後の世に残る手柄立てさすぞ。小さいことはそれぞれの神にきいて呉れよ、一人一人、何でもききたいことは、病治すことも、それぞれの神がするから、サニワでお告うけて呉れよ、この方の家来が知らせるから何でもきけよ。病も治してやるぞ、この神たよりたら、身魂みがけただけの神徳あるぞ。この世始まってない今度の岩戸開きざから、これからいよいよぞ。飛んだところに飛んだこと出来るぞ。それはみな神がさしてあるのざから、よく気つけて居れば、さきの事もよく分かるようになるぞ。元の神代に返すと申すのは喩へでないぞ。

神たよれば神の力出るぞ、善いこと言へば善くなるし、わるきこと思へばわるくなる道理分らんか。

神に心向ければ、いくらでも神徳与へて何事も楽にしてやるぞ。苦しくなりたら何時でもござれ、その場で楽にしてやるぞ、神に従へば楽になり逆らへば苦しむのぞ。生命も金も一旦天地へ引き上げ仕まうも知れんから、そうならんやうに心の洗濯第一ぞと申して、くどう気付けてゐることまだ分からんか。

神の世とは神の心のままの世ぞ、今でも人間神心となりたら、何でも思ふ通りになるぞ、人間近慾なから、心曇りてゐるから分からんのぞ。

神の申すこと何でも素直にきくやうになれば、神は何でも知らしてやるのぞ、わけなく出来るのぞ、人間みな喜ぶやうに出来るのぞ、何もかも神に供へてからと申してあろうがな。人間神にすがれば、神にまつはれば、その日からよくなると申してあろが、何も六ヶ敷いことでないぞ。神は無理言はんぞ、この神示読めば分る様にしてあるのざから、皆早う知らして縁ある人々から知らして呉れよ。

神疑はぬ様になされよ。神疑ふと気の毒出来るぞ。いよいよとなりたら、どこの国の人間といふことないぞ、大神様の掟通りにせねばならんから、可愛い子ぢゃとて容赦出来んから、気付けてゐるのざぞ、大難を小難にまつりかへたいと思へども、今のやり方は、まるで逆様ざから、何うにもならんから、いつ気の毒出来ても知らんぞよ。外国から早く分りて、外国にこの方祀ると申す人々沢山出来る様になりて来るぞ、それでは神の国の人々申し訳ないであろがな。

神も仏もキリストも元は一つぞよ。

神まつりて呉れよ、神にまつはりて呉れよ、神はそれを待ってゐるのざぞ、それでもせぬよりはましぞ、そこに光あらはれるぞ、光現はれると道はハッキリと判りて来るのぞ、この方にだまされたと思うて、言ふ通りにして見なされ、自分でもビックリする様に結構が出来るのにビックリするぞ。

神は、人間守護の為めに現はれてゐるのであるぞ、衣はくるむものであるぞ、くるむとは、まつらふものぞ、神の衣は人であるぞ、汚れた衣では神はいやざぞ。衣は何でもよいと申すやうなものではないぞ、暑さ寒さ防げばよいと申す様な簡単なものではないぞ。今は神の衣なくなってゐる、九分九厘の人々、神の衣になれないのざぞ。悪神の衣ばかりぞ。神の国、霊の国とこの世とは合せ鏡であるから、この世に映って来るのざぞ、人々身魂洗濯して呉れとくどう申しあろうがな、この道理よく分りたか。十月とは十《かみ》の月ぞ、一と｜との組みた月ぞ。

この神はよき臣民にはよく見え、悪き臣民には悪く見へるのざぞ、鬼門の金神とも見へるのざぞ。

何も彼も、神の国に向って集まる様になってゐるのざぞ、神の昔の世は、そうなってゐたのざぞ。磁石も神の国に向く様になるぞ、北よくなるぞ。神の国おろがむ様になるのざぞ、どこからでもおろがめるのざぞ、おのづから頭さがるのざぞ、海の水がシメであるぞ。鳥居であるぞと申してあろうが、シメで神を押込めてゐたのであるぞ。人民知らずに罪犯してゐたのざぞ。毎日、日日お詫せよと申してあろうが、シメで島国日本としてゐたのざぞ、よき世となったら、身体も大きくなるぞ、命も長くなるぞ、今しばらくざから、辛抱してくれよ。食物心配するでないぞ、油断するでないぞ。皆の者喜ばせよ。その喜びは、喜事となって天地のキとなって、そなたに万倍となって返るのざぞ、よろこびいくらでも生まれるぞ。

素盞嗚《スサナル》の大神様罪穢れ祓ひて隠れて御座るのざぞ。結構な尊い神様の御働きで、何不自由なく暮らして居りながら、その神様あることさへ知らぬ人間ばかり。これで比の世が治まると思ふか。神々まつりて神々にまつはりて神国のまつりごといたして呉れよ。詰まらぬ事申してゐると愈々詰まらぬ事になりて来るぞ。

神かかりと申しても七つあるのであるぞ。神かかってゐないと見える神カカリが誠の神カカリと申してあろが、そこらに御座る神憑は五段目六段目の神憑ぞ。神ガカリとは惟神《かんながら》の事ぞ、これが神国のマコトの臣民の姿ぞ。神と人と融け合ったマコトの姿ぞ、今の人間のいふ惟神では無いぞ、此の道理会得りたか、真事の神にまつりあった姿ぞ。早う神カガリになる様掃除して呉れよ、神の息吹に合ふと神カガリになれるのぞ、一二三唱へよ、祓えのれよ、神称《タタ》へよ、人称へよ、神は人誉《ほ》め人は神称へてまつり呉れよ。

神の国を、足の踏むところない迄にけがして仕舞ふてゐるが、それで神力は出ぬぞ。臣民無くなるぞ。残る臣民三分むつかしいぞ。三分と思へども、二分であるぞ。邪魔せん様に、分らん臣民見物して御座れ。ここまで知らして目覚めん臣民なら手引いて見てゐて御座れ。見事仕上げて見せるぞ。雀《ススメ》ちうちう烏《カラス》かうかう。

神烈しく、人民静かにせよ。云ふた事必ず行はねばならんぞ。天から声あるぞ、地から声あるぞ。身魂磨けばよくわかるのざぞ。旧九月八日までにきれいに掃除しておけよ。残る心獣ぞ。神とならば、食ふ事も着る事も住む家も心配なくなるぞ。日本晴れとはその事ざぞ。

神に怒りはないのであるぞ、天変地異を神の怒りと取違ひ致してはならん。太神は愛にましまし、真にましまし、善にましまし、美にましまし、数にましますぞ、また総てが喜びにましますが故に怒りはないのであるぞ、若し怒りが出た時は、神の座から外れて了ふのであるぞ。

神は宇宙をつくり給はずと申して聞かせてあろうが、このことよく考へて、よく理解して下されよ、大切なわかれ道で御座るぞ。福はらひも併せて行はねばならん道理、光は中からぢゃ、岩戸は中からひらかれるのぢゃ、ウシトラからひらかれてウシトラコンジンがお出ましぞ、もうよこしまのものの住む一寸の土地もなくなったのぞ。

無限のものと、有限のものと、ムとウとをまぜまぜにして考へるから、人間の頭は兎角有になりがちぢゃぞ。慾浄化せよ。

相談と申せば人間ばかりで相談してゐるが神との相談結構ぞ、神との相談は神示よむことぢゃ。行き詰まったら神示に相談せよ。神示が教へて、導いてくれるぞ。

世界中がいくら集って、よき世にいたす相談いたしても、肝腎の神が判らんから、まとまりつかん。

上の高いところから来るから奇蹟と見へ、偶然と見へるのぢゃ。神からの現はれであるから、その手順が判らんから偶然と見へるのぢゃぞ。偶然の真理さとれと申してあろう。これが判れば大安心。立命。

神まつれ、祖先まつれ、自分まつれ、子孫まつれ、心まつれ、言葉まつれ、行まつれ、食物まつれ、着るものまつれ、住居まつれ、土地まつれ、まつりまつりで結構来るぞ。奇蹟では改心出来んのであるぞ。

神徳積んだら人の前に自分かくせるやうになるぞ。頭に立つ者力かくせよ。昨日より今日、今日より明日と、一歩一歩弥栄えよ、一足飛び、見てゐても危い。貰うた神徳に光出す人間でないと、神徳をわれよしにする人間にはおかげやらん。神徳貰うた臣民でないと中々越せん峠ざぞ、神徳はいくらでも脊負ひきれん迄にやるぞ、大き器もちて御座れよ、掃除した大きいれものいくらでも持ちて御座れよ、神界にはビクともしぬ仕組出来てゐるのざから安心して御用つとめてくれよ。今度はマコトの神の力でないと何も出来はせんぞと申してあろが。

臣民生れおちたらウブの御水を火で暖めてウブ湯をあびせてもらふであろが、其の御水はお土から頂くのざぞ、たき火ともしは皆火の大神様から頂くのざぞ、御水と御火と御土でこの世の生きあるもの生きてゐるのざぞ、そんなこと位誰でも知ってゐると申すであろが其の御恩と云ふ事知るまいがな。一厘の所分るまいがな、守護神も曇りてゐるから神々様にも早うこの神示読んで聞かせてやれよ。世間話に花咲かす様では誠の臣民とは云はれんぞ、桜に花咲かせよ。せわしくさしてゐるのざぞ、せわしいのは神の恵ざぞ、今の世にせわしくなかったら臣民くさって了ふぞ、せわしく働けよ。

人間目明けて居れん事になるぞ、さあ今の内に神徳積んでおかんと八分通りは獣の人民となるのざから、二股膏薬ではキリキリ舞するぞ、キリキリ二股多いぞ。獣となれば、はらから食ふ事もあるぞ。気付けておくぞ。

見へる幸福には限りがあり、見へぬ幸福は永遠であるぞ。

今まいた種、今日や明日には実のらんぞ。早く花が見たく、実がほしいからあせるのぢゃ、人間の近慾と申すもの。神の大道に生きて実のりの秋まてよ。まいた種ぢゃ。必ず実のる。誰も横取りはせんぞ。万倍になってそなたにかへると申してあろう。未来にもえつつ現在にもえよ。神相手に悠々と天地に歩め。

何んな事あっても不足申すでないぞ、不足悪ざぞ。

悪口は悪の白旗ざぞ。

悪霊自身は自身を悪と思うてないぞ。

早うめざめよ。悪の道、教にまだ迷うて御座るが、早うめざめんと間に合はんぞ。人の心から悪を取り除かねば神に通じないぞと教へてゐるが、それは段階の低い教であるぞ。大道でないぞ。理窟のつくり出した神であるぞ。大神は大歓喜であるから悪をも抱き参らせてゐるのであるぞ。抱き参らす人の心に、マコトの不動の天国くるぞ。抱き参らせば悪は悪ならずと申してあろうが、今迄の教は今迄の教。

悪を悪と見るのが悪。

調和乱すが悪ぞ。人間のみならず、総て偏《へん》してならん。霊に偏してもならん。霊も五、体も五と申してあろう。ぢゃが主は霊であり体は従ぞ。神は主であり、人間は従であるぞ五と五と同じであると申してあろう。差別則平等と申してあろう。取り違い禁物。

口先ばかりでよいことを申すと悪くなるのぢゃ。心と行が伴はねばならん。判りきったこの道理が行はれないのは、そなたをとり巻く霊の世界に幽界の力が強いからぢゃ。そなたの心の大半を幽界的なもので占めてゐるからぞ。そなたのもつ悪いくせを治して下されよ。そのくせ治すことが御神業ぞ。これに気がつかねば落第ぞ。

今はまだなるやうにして居て下されよ。悪いこと通して善くなる仕組、よく心得よ。罪を憎んでその人を憎まずとは悪のやり方、神のやり方はその罪をも憎まず。

悪く云はれるのが結構ぞ。何と云はれてもびくつくやうな仕組してないぞ。天晴れ、三千世界のふじ晴れの仕組、天晴れぞ。

悪で行けるなら悪でもよいが、悪は影であるから、悪ではつづかんから早う善に帰れと申すのぞ。

善でつづくか悪でつづくか、この世に善と悪とがあって、どちらで立って行くか、末代つづくか、得心ゆくまで致させてあったが、もう悪ではつづかんことが、悪神にも判って来るのであるから、今しばらくのゴタゴタであるぞ。ものの調和が判れば、正しき霊覚が生れるぞ。神の姿がうつって来るぞ。

悪も神の御働きと申すもの、悪にくむこと、悪ぢゃ。善にくむより尚悪い。何故に判らんのか。

悪を意志して善を理解すること許さんぞ。悪を意志して善を理解せんとするのが悪ぞ。善を意志して悪を理解せんとするのも悪ぞ。悪を意志して悪を理解する処に、善としての悪の用うまれるのざ。幽界も亦神のしらしめす一面のこと。

よくこの神示よんで呉れよ、元の二八基光《じゃきこ》理《り》てわいて出た現空《あく》の種は二八基《じゃき》と大露智《おろち》と四通《よっ》足となって、二八基には二《に》本の角、大露智は八ツ頭、八ツ尾、四通足は金母であるから気つけておくぞ、守護神どの、人間どの、だまされぬ様に致して下されよ。

悪いこと待つは悪魔ぞ、何時建替、大峠が来るかと待つ心は悪魔に使はれてゐるのざぞ。この神示世界中に知らすのざ、今迄は大目に見てゐたが、もう待たれんから見直し聞き直しないぞ、神の規則通りビシビシ出て来るぞ、世界一平に泥の海であったのを、つくりかためたのは国常立尊であるぞ、神様を泥の海にお住まい申さすはもったいないぞ、それで天におのぼりなされたのぞ。岩の神、荒の神、雨の神、風の神、地震の神殿、この神々様、御手伝ひでこの世のかため致したのであるぞ、元からの竜体待たれた荒神様でないと今度の御用は出来んのざぞ、世界つくり固めてから人間つくりたのであるぞ、何も知らずに上に登りて、神を見おろしてゐる様で、何でこの世が治まるものぞ。天と地の御恩といふことが神の国の守護神に判りて居らんから難儀なことが、愈々どうにもならん事になるのぞ、バタバタとなるぞ。

悪のやり方は始めはどんどん行くなれど、九分九厘でグレンぞ、善のやり方始め辛いなれど先行く程よくなるぞ。この世に何一つ出来んと云ふことない此の方のすることぞ。云ふこときかねば、きく様にしてきかすぞ。因縁だけのことはどうしてもせねば、今度の峠は越せんのざぞ。ここの人々は皆因縁ミタマばかり、苦労しただけお蔭あるぞ。

悪の仕組通り、悪平等、悪公平の選挙でえらび出すのざから出るものは悪にきまっているでないか、悪もよいなれど、悪も神の用《ハタラ》きであるなれど、悪が表に出ること相成らん。

悪を食ふて暮らさなならん時近づいたぞ、悪を嚙んで、よく消化し、浄化して下されよ、悪は善の仮面をかぶってゐること多いぞ、だが悪も大神の中に生れたものであることを知らねばならん。ダマシたいものには一先づダマサレてやれよ。ダマサレまいとするからダマサレるのであるぞ。生命の樹の実は美しくおいしいぞ、食べてはならんが食べねばならんぞ、肉体慾が先に出るから生命を失ふ、心でとりて実を喜ばせて食べるとよいのであるぞ、食べないで食べる秘密。

神の御用

神の御用が人の御用ぞ、人の御用が神の御用であるなれど、今の人間神の御用するのと人の御用するのと二つに分けてゐる。

どんな草でも木でもその草木でなければならん御用あるぞ、だから生きているのぢゃ、そのはたらき御用忘れるから苦しむ。行き詰る。御用忘れるから亡びるのぢゃ。個人は個人の、一家は一家の、国は国の御用がある。御用大切、御用結構。

次の御用は神示うつすことぢゃ。神示うつすとは神示を人間に、世界にうつすことぞ。神示を中心とした世界のはたらきせよ。神通した人間の仕事つかへまつれよ。神示、神とした世界つくることとぞ。神示に囚はれるから判らん。神示すてて、仕事に神示活かして生活せよ。生活が神示ぢゃ。判りたか。早うこの御用急いで下されよ。

いくら金積んで神の御用さして呉れいと申しても、因縁のある臣民でないと御用出来んぞ。御用する人は、何んなに苦しくても心は勇むぞ。この神は小さい病《やまい》治しや、按摩の真似させんぞ、大き病を治すのぞ。神が開くから、人の考へで人を引張って呉れるなよ。

今度の御用は結構な御用ぞ、いくら金積んでも、因縁ない人間にはさせんぞ、今に御用させて呉れと金持って来るが、いちいち神に聞いて始末せよ。汚れた金御用にならんから、一厘も受取ることならんぞ、汚れた金邪魔になるから、マコトのもの集めるから、何も心配するなよ。心配気の毒ぞよ。何も神がするから慾出すなよ。あと暫くぞよ、日々に分かりて来るから、素直な人間うれしうれしで暮らさすから。

因縁のある身魂はこの神示見れば心勇んで来るぞ。一人で七人づつ道伝へて呉れよ、その御用が先づ初めの御用ぞ。この神示通り伝へて呉れればよいのぞ、自分ごころで説くと間違ふぞ。神示通りに知らして呉れよ。我を張ってはならぬぞ、我がなくてもならぬぞ、この道六ヶしいなれど縁ある人は勇んで出来るぞ。

この道分りた人から一柱でも早う出てまゐりて神の御用なされよ。どこに居りても御用はいくらでもあるのざぞ。神の御用と申して稲荷下げや狐つきの真似はさせんぞよ。この道はきびしき道ざから楽な道なのぞ。上にも下にも花さく世になるのざぞ、後悔は要らぬのざぞ、神は見通しでないと神でないぞ、今のカミは見通しどころか目ふさいでゐるでないか。蛙いくら鳴いたとて夜あけんぞ。神烈しく結構な世となりたぞ。

今度の御用は世におちて苦労に苦労した臣民でないと中々につとまらんぞ、神も長らく世におちて苦労に苦労かさねてゐたのざが、時節到来して、天晴世に出て来たのざぞ、因縁のミタマ世におちてゐるぞと申してあろうがな、幽界好きの人間、今に大き息も出来んことになるのざぞ、覚悟はよいか、改心次第で其時からよき方に廻してやるぞ。改心と申して、人間の前で懺悔するのは神のやり方ではないぞ、人の前で懺悔するのは神きづつけると心得よ、神の御前にこそ懺悔せよ、懺悔の悪きコトに倍した、よきコトタマのれよ、コト高くあげよ、富士晴れる迄コト高くあげてくれよ、そのコトに神うつりて、何んな手柄でも立てさせて、万劫末代名の残る様にしてやるぞ。この仕組判りたら上の臣民、逆立しておわびに来るなれど、其の時ではもう間に合はんからくどう気付けてゐるのざぞ。臣民、かわいから嫌がられても、此方申すのさ、悪と思ふことに善あり、善と思ふ事に悪多いと知らしてあろがな、このことよく心得ておけよ、悪の世になってゐるのざからマコトの神さへ悪に巻込まれて御座る程、知らず知らずに悪になりてゐるのざから、今度の世の乱れと申すのは、五度の岩戸しめざから見当とれん、臣民に判らんのは無理ないなれど、それ判りて貰はんと結構な御用つとまらんのざぞ、時が来たら、われがわれの口でわれが白状する様になりて来るぞ。神の臣民はづかしない様にして呉れよ、臣民はづかしいことは、神はづかしのざぞ、いよいよ善と悪のかわりめであるから、悪神暴れるから巻込まれぬ様に褌しめて、この神示よんで、神の心くみとって御用大切になされよ。

われの事言はれて、腹のたつ様な小さい心では、今度の御用出来はせんのざぞ、心大きく持てと申してあろがな。

幾ら誠申してもマコトは咽喉へつかへて呑み込めぬから、誠の所へは人民なかなか集まらんなれど、今度の御用は臣民沢山は要らんぞ。何もかも神が仕組みてゐるのざから人民仕様とて何も出来はせんぞ、神の気概に叶はん人民は地の下になるのざぞ。神示わからねば一度捨てて見るとわかるのざぞ。

この神示うぶのままであるから、そのつもりで、とりて呉れよ、嘘は書けん根本ざから此の神示通りに天地の規則きまるのざぞ。心得てこの世の御用にかかりて呉れよ。世界の事ざから、少し位の遅し早しはあるぞ。間違いない事ざぞ。

此処まで来れば大丈夫ざぞ、心大きく持ちて焦らずに御用せよ、饌《け》にひもじくない様、身も魂も磨いておけよ。もう何も申さんでも、天と地にして見せてあるから、それよく見て、改心第一ぞ、悪は霊力が利かん様になったから最後のあがきしてゐるのざぞ。人助けておけば、その人は神助けるぞ。神界と現界の事この神示よく分けて読みて下されよ。これから愈々の御用あるぞ、皆の者も同様ぞ。

日々の人民の御用が神の御用と一致するように努力せねばならん、一致すればうれしうれしで暮しむきも何一つ足らぬものなくなってくるぞ、食物がよろこんで飛び込んでくるぞ、着るものが着てくれと飛び込んでくるぞ、住居も出来てくるぞ、心のそれぞれも同様ぞ。

神の招き

まかせ切らねばマコトの安心立命ないぞ。

人間の極まるところが神であるぞ。

神は額から入って顔全体に至り全身に及ぶものであるぞ。

天の声は内から聞こえて来る。人間の言葉は外から聞こえて来る。

神の道を進むものは嫌でも金がたまるのぢゃ、金がたまらねば深く省みよ。道に外れて御座るぞ。

神の道が判れば、判っただけ自分がわかる。

神様でも大神様は判らんのであるぞ。只よろこびに向ってひたすらに進んで行けばよいのであるぞ。

総てが神ぢゃ。喜びぢゃ。始めから全体を摑もうとしても、それは無理と申すもの。手でも足でもよい、何処でもよいから摑める処からつかんで御座れよ。だんだん判ってくるぞ。全体つかむには全体と同じにならねばならん。その人間人間のつかめるところから摑んで参れよ。このほう抱き参らせてやるぞ。

宇宙の総てはこの神の現はれであり、一面であるから、その何処つかんで拝んでもよいのであるぞ。その何処つかんで、すがってもよいのであるぞ。総てに神の息、通ふているぞ。一本の箸拝んでもよいのぢゃが、それより宮つくりて拝む方がよいぞ。ちゃんとめあて、よいめあて、きめねばならん。めあてなくては拝めん道理。内の自分に火つけよ。

神にまかせきると申しても、それは自分で最善をつくして後のことぢゃ。努力なしにまかせるのは悪まかせぢゃ。悪おまかせ多いのう。魂の財産は金を得るより数倍六ヶ敷いぞ。ぬれ手で粟のやり方、カスつかむぞ。

神から出るものは神にきまってゐるぞ。この平凡の道の道理が何故に判らんのぢゃ。

得心出来んのぢゃ。それに従へばこそ向上、弥栄するのぢゃ。天狗ざから、慢心するから、神がなくなるから行詰るのぢゃ。

　神は人間を根本から永遠の意味でよくしようと、マコトの喜び与へようとしてゐるのぢゃ。局部的、瞬間的に見て判らんこと多いぞ。おかげは、すぐにはないものと思へ。すぐのおかげは下級霊。まゆにつばせよ。考へよ。

　神も人間も同じであると申してあろう。同じであるが違ふと申してあろう。それは大神の中に神を生み、神の中に人間生んだためぞ。自分の中に、自分新しく生むときは、自分と同じカタのものを産む。大神弥栄なれば、神も弥栄、神弥栄なれば人間弥栄ぞ。困るとか、苦しいとか、貧しいとか悲しいとか云う事ないのであるぞ。道ふめと申すのは、生みの親と同じ生き方、同じ心になれよと申すことぞ。人間いくら頑張っても神の外には出られん。神いくら頑張っても大神の外には出られんぞ。

　神と共に大きくなればなるほど、喜び大きくなるのである。一神説いて多神説かんのもかたわ、多神説いて一神説かんのもかたわ、一神則多神則汎《はん》神である事実を説いてきかせよ。

神の姿は総てのものに現はれてゐるぞ。道ばたの花の白きにも現はれてゐるぞ。それも一度に、すべてを見せて、のみこませてくれと申しても判りはせんぞ。判るところから、気長に神求めよ。総ては神から流れ出てゐるのであるから、神にお願いして実行しなければならん。この判り切った道理、おろそかにして御座るぞ。そこに天狗出てゐるのぞ。

神について御座れよ。智や学もいるが、一先づ横へ押しやっておいて、理窟申さず、ついて御座れよ。地獄ないと申してあろう。人は神の喜びの子と申してあろう。人の本性は神であるぞ。神なればこそ天国へ自づから行くのぢゃ。住むのぢゃ。

神にとけ入れと申してあろう。智で神を見るから、次元が違うから、戒律出来るから、判らんのぢゃ。解け入れよ。何につけても大いくさ。人の殺し合いばかりでないと知らしてあろう、ビックリぢゃ。

神が主であり人間が従であると申してあろう。これを逆にしたから世が乱れてゐるのぞ、結果あって原因あるのでないぞ。今の人間、結構すぎて天地の御恩と申すこと忘れてゐるぞ。いよいよとなって泣面せねばならんこと判りてゐるから、くどう気付けてゐるのぢゃ。

神はうそつきぢゃと人間申しても、悪い予言はうそにしたいので日夜の苦労、こらえられるだけこらえてゐるのである。もう、物ばかりでは治まらんこと。金では治まらんこと、平面のみでは駄目であること、よく判ってゐるのにカブトぬげん神々様よ。気の毒が来ぬ前に改心結構。遠くからでは判らんし、近づくと迷うし、理窟すてて神にほれ参らせよ。よくこの神をだましてくれたぞ。この神がだまされたればこそ、太神の目的なってくるのぢゃ。細工はりゅうりゅう仕上げ見て下されよ。

神の御用は、神のみことのままでなくては成就せん。皆々釈迦ぞ、キリストぞ。もっと大き計画もちて御座れ。着手は出来る処からぞ。つかめる処から神をつかめよ。部分からつくり上げなされよ。我出してはならん。そなたはそれでいつもしくじってゐるでないか。天狗ではならん。心出来たら足場固めねばならん。神の足場は人ぢゃ。道の足場、五十《イセ》の足場。

自分で判断出来ることを何故にきくのぢゃ。神にきけば神に責任をきせるのと同様ぞ。人間の悪いくせぞ。出直せよ。

そなたの仕事、思いつき結構であるが、神の御意志を頂かねば成就せん。神と申しても、そなたが勝手にきめた神や宗教で固めた制限された神ではないぞ。判っただけでは駄目ぞ。行じねばならん。生活しなければならん。

高い心境へ入ったら、神を拝む形式はなくともよいぞ。為すこと、心に浮ぶこと、それ自体が礼拝となるからぞ。

次には神との交りぞ。交流ぞ。そこには且つて知らざりしおどろきと大歓喜が生れるぞ。神との結婚による絶対の大歓喜あるのぢゃ。神が霊となり花むことなるのぢゃ。人間は花よめとなるのぢゃ。判るであろうが。この花むこはいくら年を経ても花よめを捨てはせぬ。永遠につづく結びぢゃ。結魂ぢゃ。何ものにも比べることの出来ぬおどろきぞ。よろこびぞ。花むこどのが手をさしのべてゐるのに、何故に抱かれんのぢゃ。神は理窟では判らん。夫婦の交りは説明出来まいがな。神が判っても交わらねば、神ととけ合はねば真理は判らん。何とした結構なことかと人間びっくりする仕組ぞ。神と交流し結魂した大歓喜は、死を越えた永遠のものぞ。消えざる火の大歓喜ぞ。これがまことの信仰、神は花嫁を求めて御座るぞ。早う神のふところに抱かれて下されよ。

そなたは一度神をすてよ。神にしがみついてゐるから、小さい囚はれた、ゆとりのない神を、そなたがつくり上げてゐるぞ。信ずれば信ずる程危ないぞ。大空に向って大きく呼吸し、今迄の神をすてて心の洗濯をせよ。神を信じつつ迷信におちてゐると申してあること、よく心得よ。

神の深心

信仰に入ることが無限を得ること。マコトの神をつかむことぞ。

真の信仰に入ると宗教に囚はれなくなるぞ。形式に囚はれなくなるぞ。

信仰に入るは楽であるが楽でないぞ。裸体になってブツカレよ。神様も裸体になって
そなたを抱いて下さるぞよ。

順と区別さへ心得て居れば、何拝んでもよいと申してあろうが。日の神様ばかりに囚はれると判らんことになるぞ。気付けおくぞ。それでは、信心にならん。父だけ拝んで母拝まんのは親不孝ぞ、おかげないぞ。おかげあったらヨコシマのおかげと心得よ。手

だけ尊んではいかん。足だけ尊んでもいかん。一切に向って感謝せよと申してあろうが。形式を馬鹿にしてはならんぞ。月に一度位は聖地にお参りせよ。川がなければ水流れん道理。始めはカタふんで行かなならん。

他の神を拝してはならんと云う、そなたの信仰はそれだけのもの、早う卒業結構。

天が上で地が下で、中に神人あるのぢゃ。それがミロクの世ぢゃ。気長にやれと申してあろう、長い苦心なければよいもの出来ん。この世で出来終らねば、あの世までもちつづけてもやりつづけてもよいのぢゃ。そなた達はあまりにも気が短いぞ。それではならんのう。マコトの信仰は永遠性をもってゐるぞ。これないものは信仰でないぞ。

信仰の始めは感情に支配されがちぢゃ。理智を強く働かせねばならんぞ。人間は絶えずけがれてくる。けがれは清めることによりあらたまる。厄祓ひせよ。福祓ひせよ。想念は永遠にはたらくから、悪想念は早く清算しなければならんぞ。

信仰ない人間に神は判らん。

拝むは拝まんよりはましであるぞ。しかし拝んでばかりでは病気は治らん。金はもうからん。拝むばかりで金もうけ出来たり病気治ったりすると思ふたら間違ひぞ。道にいそしめ。道ゆくところ喜びあるぞ。喜びあるから病気も治るのぢゃ。金も出てくるのぢゃ。おかげあるのぢゃ。喜び神ぢゃ。

生活が豊かになって来るのが正しい信仰ぞ。行詰ったら間違った道歩いてゐるのざ。我では行かん。学や智や金ではゆかん。マコト一つと申してあろう。

文字や理窟は判らんでも信仰は摑めるぞ。信念と信仰は違ふぞ。信念は自分のもの。信念超えて信仰ざぞ。任せきったのが信仰ぞ。

いくら信仰しても借銭なくなる迄は苦しまねばならん。途中でへこたれんやうに、生命がけて信仰せねば借銭なし六ヶ敷いぞ。途中で変る紫陽花《あぢさい》では、御用六ヶ敷いぞ。

生命すててかからねば、マコトの信仰には入れん道理。身慾信心では駄目。いのち捨てねば生命に生きられん道理。

真の信仰に入って居れば心配いらん。失敗も財産ぞ。

今迄の信仰は何処かにさびしきもの足りなさがあったであろうが。片親がなかったからぞ。天に仕へるか、地に仕へるかであったからぞ。この道はアメツチの道ざと知らしてあろうがな。清くて富むのがまことぢゃ。地も富まねばならんのぢゃと申してあろうが。これから先は、金もうけばかりも出来ん。今迄のやうな、神信心ばかりも出来ん。神の道を進むものは嫌でも金がたまるのぢゃ。金がたまらねば深く省みよ。道に外れて御座るぞ。人は罪の子でない喜びの子ぞ。

今までは悪の世でありたから、己殺して他人助けることは、此の上もない天の一番の教といたしてゐたが、それは悪の天の教であるぞ、己を活かし他人も活かすのが天の道ざぞ、神の御心ぞ、他人殺して己助かるも悪ぞ、己殺して他人助けるも悪ぞ。神無きものにして人民生きるも悪ぞ。神ばかり大切にして人民放っておくのも悪ぞ。神人ともにと申してあろが、神は人に依り神となり、人は神に依って人となるのざぞ。マコトの神の御心わかりたか。今までの教へ間違っていること段々判りて来るであろがな。

第二章　霊界

霊界の深相

天地の中間を中界と申すぞ、天の息吹きと地の息吹きの中間ぞ、天国へ行くものも、行かんものも先づ落ちつく、死後の始めての世界であるぞ。神界、中界、現界つらぬきて居らねば、マコトの和合して居らねば、マコトの喜びでないから、マコトの喜びが大神であるから、大神の働きは人間によるものであるから、心せねばならん。天使と申すも、みなそれぞれの国の人間であるから、喜びの人間であるから、この道理判りたら、地の世界と中の世界と、天の世界と、みな同じであるから、もちつもたれつであるから、三千世界であるから、地の上に禍あると、天の国にも禍ふのであるから天の国の生活は地の上に根をつけてゐるのであるから、遠くにあるものでないぞ。同じ所にあるのであるぞ。幽界と申すは道を外れた国のことざと知らしてあろうがな。

世界中が霊かかりとなると申してあるのは今のことであるぞ、かかりてゐる世界自身わからなくなっているぞ、サニワせねばならん、サニワの方法書き知らすぞ。世界を、日本を、自分をサニワせねばならん。目に見える所からの通信は高度のものほど肉体には感応が弱くなり、暗示的となるものであるぞ、ドタンバタン、大声でどなり散らすのは下の下。神もフトマニに従わねばならん。順を乱すわけには参らん。高度の霊が直ちに肉体人に感応することはなく、それぞれの段階を経て感応するのであることを忘れてはならんぞ、下級霊は現実界と紙一重の所に住んでいるのであるから、その感応は極めて強く、如何にもおもしろく人民の目にうつるものであるぞ、高度のものは、その人民のミタマの如何によって、それと同一波調の神霊に伝達され、その神霊の感応によって表現されるのであるぞ。特別の使命をもつ天使は、最下級の霊界まで降って来て、人民に特別な通信をなし、指示することもあるぞ。また天使の霊が母体に宿り人民として生まれてくる事もあるぞ、末世にはこの種の降誕人が沢山あるぞ。

○（霊）界と申しても神界と幽界に大別され、又神界は天国と霊国に分けられ、天国には天人、霊国には天使が住み、幽界は陽界と陰界に分かれ、陽霊人、陰霊人とが居る、陽霊人は人民の中の悪人の如く、陰霊人とは善人の如き性をもってゐるぞ。高い段階から申せば善も悪も、神界も幽界もないのであるが、人民の頭で判るように申してゐるのであるぞ。幽界は本来は無いものであるが、人民の地獄的想念が生み出したものであるぞ。

幽界は人間界と最も深い関係にあり、初期の霊かかりの殆んどはこの幽界からの感応によることを忘れるでないぞ。霊かかりの動作をよく見極めればすぐ判る。高ぶったり、威張ったり、命令したり、断言したり、高度の神名を名乗ったりするものは必ず下級霊であるぞ、インチキ霊であるぞ、インチキ霊にかかるなよ、たとえ神の言葉でも尚サニワせよと申してあろう。迷信であってもそれを信ずる人が多くなれば、信ずる想念によって実体化し、有力な幽界の一部をつくり出すことがあるから気付けておくぞ。無き筈のものの生み出しそれが又地上界に反影してくるのであるから心して下されよ。今の人民九分九厘は幽界とのつながりをもつ。胸に手をあててよくよく自分をサニワせよ。

霊的良識は、神示や神典類によって、又体験によって養はれ、又高度な科学書も参考となるものぞ、科学を馬鹿にしてはならん。幽界の霊であっても高度のものともなれば、神界の高級神霊と区別することが六ケ敷いぞ。初歩のサニワの誤り易いところであり、又霊視するものの誤り易いところ、注意しなければならん、例へば霊光の如きものも強く大きく中々サニワ出来ないぞ。仙人と申すものは如何に高度なものであっても、それは幽界に属す、仙人界には戒律があるからぞ、神界には戒律なし、戒律ある宗教は亡びる、マコトの宗教には戒律はないぞ。しかし神界にも仙人的存在はあるぞ。

竜体をもつ霊は神界にも幽界にもあるぞ、竜体であるからと申して神界に属すると早がてんならん。

霊界にすむものは多くの場合、自分の住む霊界以外のことは知らない。その霊界が総ての霊界であるかの如く思ふものであるぞ、霊界のことは大体見当つくのであるなれど、段階が異なってくると判らなくなるのであるぞ。他の霊界は霊自身のもつ感覚の対照とならないからである。人民界のことをよく知っている霊は、人民界を去って間もない霊か地上に長く住んでいた動物霊が、人民に憑依していた霊であるぞ。特別な使命をもつ天使は別として、人霊以外の霊で人民に憑依するのは、日本では天狗風《てき》、仙人風《てき》、狐風《てき》、狸風《てき》、猫風《てき》などが大部分であるから気つけておくぞ。

人間の肉体に他の霊が入って自由にしているのだと、多くの霊覚者やサニワが信じているなれど、事実そう見へるなれどそれは誤りであるぞ。人間の肉体は原則として真理の宿り給ふ神の生宮であるから、下級霊は中々に入ることは出来ん。例外はあるなれど、肉体霊、外部霊、副守護霊等の想念は、時によって動物的、幽界的となるものであるから、それと同一波調の動物的霊が感応する、感応はするが肉体の内部迄は入り込めない、しかし感応の度が強ければ入ったと同様に見へる状態となるのである。先祖霊も大体同様であるぞ。

霊には物質は感覚の対照とはならない、霊には、人間の肉体は無いのと同じである。先祖霊に化けて何かを企てる動物霊が多いから注意せよ。動物霊が何故祖先のことを知るかと申せば、その凴依の対照となる人間の肉体の霊の知っていることを、直ちに知り得るからである。

動物霊が人間の言葉を使ふことは、フに落ちないと申すものが沢山あるなれど、よく考へて見よ、例へば他人の家に入って、其処にある道具類をそのまま使用するのと同じ道理ぢゃ、判りたか、動物霊でも他の霊でも人間に感応したならば、その人間のもつ言葉を或程度使いこなせるのであるぞ、故に日本人に感応すれば日本語、米人なれば英語を語るのであるぞ。今の偉い人民がこの神示をよむと、理屈に合わん無茶苦茶な文章であるから、下級霊の所産だと断ずるなれど、それは余りにも霊界の事を知らぬ、霊的白痴であることを、自分で白状しているのぞ、気の毒ぢゃなあ、ましてこの神示は八通りに読めるのであるから、いよいよ判らん事になるぞ。

時に、例外として人間の魂と動物の魂と入れ替っていることもあるぞ、この場合は肉体に入り込んだと考へてよいぞ、こう言ふ場合、例へばそれぞれが狐ならば狐の様相を霊呈するから、誰にでもすぐ判るなれど、悪行を積んだ霊ともなれば巧みに、その時代時代の流れに合わせて化けているから、中々見破ること六ケ敷いぞ、心得なされよ。或種の霊は、自分自身は高度な神界に住んでいると誤信しているものもあるが、こうした霊が感応した場合は自信を以って断言する場合が多い、人間が知らぬ世界のことを、目信を以って強く告げられると、多くのサニワは参って了ふぞ。

幽界霊も時により正しく善なることを申すなれど、それは只申すだけであるぞ。悪人が口先だけで善を語るようなものであるぞ。よいことを語ったとて直ちに善神と思ってはならん。よい言葉ならば、たとへ悪神が語ってもよいではないかと申すものもあるなれど、それは理屈ぢゃ、甘ければ砂糖でなくサッカリンでもよいではないかと申すことぞ、真の善言真語は心、言、行、一致であるからただちに力する。言葉の上のみ同一であっても、心、言、行が一致しておらぬと力せぬ、偽りの言葉は、落ちついてきけばすぐ判るぞ、同じ「ハイ」と言ふ返事でも、不満をもつ時と喜びの時では違ふであろうがな。われは天照太神なり、などと名乗る霊にロクなものないぞ、大言壮語する人民はマユツバもの。

サニワは、場合によって霊媒を誘導してもよいぞ、又霊に向かって常に愛を持って接しなければならんぞ。誰でも絶へず霊界とのつながりがあり、霊界からの呼びかけがあるからサニワはそれを助け、導くように努力しなければならんぞ。

はじめに出て来る霊は殆んど下級霊であるぞ、玄関に先つ出て来るのは玄関番であるぞ。祖霊の出る場合は、何か頼みたい場合が多いぞ、浄化した高級霊ともなれば、人民に判るような感応は殆んどないぞ。

霊の要求ぢゃと申して、そのまま受け入れてはならんぞ、よく判断した上で処理せねばならん。下級霊、動物霊の場合は酔いどれのように箸にも棒にもかからんことを申すものぞ。殊にその霊が病気に関連をもっている場合は微妙であるから、よく心得なされよ。悪い企て、悪い行為ぢゃとて、直ちにキメつけてはならん、やんわりともちかけて善きに導かねばならんぞ、悪をきらふ心があってはならん、悪抱き参らせと申してあろうがな。邪道的要求を容れて一時的に病気を治すと、それに倍してブリ返すぞ、この呼吸大切。

霊に⦿《ひつぐ》神示をよんで聞かせて見よ、その偉大さがハッキリ判るぞ。どんな下級霊であっても、その霊を馬鹿にしてはいけない、馬鹿にすると反射的にサニワを馬鹿にして始末におへんことになるぞ。霊覚者や行者には奇跡的なことや非常識な行動をする者がよくあるぞ、一般の人民はそれにだまかされることがよくあるぞ、何れも、下級霊のしわざであるぞ、正神には奇跡はない、奇跡ないことが大きな奇跡であるぞ、奇跡するものは亡びる。高級霊は態度が立派であるぞ、わかりたか。

霊の発動をとめて、静かにする法は「国常立大神守り給へ幸《さき》はへ給へ」と三回くり返すこと。又「素盞鳴《スサナル》大神守り給へ幸はへ給へ」と三回くり返すこと、又は「太日月地大神守り給へ幸はへ給へ」と三回くり返すこと。世界そのものの霊かかり、日本の霊かかり、早うしづめんと手におえん事となるが、見て御座れよ、見事な事を致してお目にかけるぞ。

霊界のマコト

死んでも物質界とつながりなくならん。生きている時も霊界とは切れんつながりあること、とくと会得せよ。そなた達は神をまつるにも、祖先まつるにも物質のめあてつくるであろうがな。それは正しい事ぞ、なくてならんことぞ。物質をはなれて霊界のみの存在はないのであるぞよ。

霊人は中間の存在ぞ。

この世のことだけでこの世のこと動かんぞ。霊界との関係によって、この世が動いている道理判らねばならん。

霊界と現界は同じであるぞ。霊界にも親もあれば師もあるぞ。同じことが同じになっている道理判らんのか。よくかみわけて下されよ。目的なしでふらふらと、あちらへひょろひょろ、こちらへウロウロ御苦労なこと。まことの光の道に行き、進めよ。ここぞと見極めたら、ひたすらに進まねばならん。理屈いらん。宇宙はこの方の中にあるのぢゃ。このほうぢゃ。世が段々せまって悪くなるように申してゐるが、それは局部的のこと。大局から見れば、よきに向かって弥栄えているぞ。夏が暑いと申してブツブツ申すでないぞ。秋になるぞ。冬もあるぞ。冬ばかりと考へるでないぞ。やがては春が訪れるのぢゃ。いずれも嬉し嬉しとなる仕組。

ほんとうにモノ見、きき、味はい、消化して行かなならんぞ。地の上にあるもの、人間のすること、その総ては霊界で同じことになっていると申してあろうが。先づ霊の世界のうごき大切。霊の食物、霊の生活、求める人間少いのう。これでは片輪、いつまでたってもドンテンドンテン。

霊界には時間、空間は無いと申してゐるが、無いのではないぞ。違って現はれるから無いのと同様であるぞ。

地上界に山や川もあるから霊界に山や川があるのではない、霊の山川がマコトぞ、地上はそのマコトの写しであり、コトであるぞ、マが霊界ぢゃ、地上人は、半分は霊界で思想し、霊人は地上界を足場としている、互に入りかわって交はってゐるのぞ、このこと判れば来るべき世界が、半霊半物、四次元の高度の、影ないうれしうれしの世であるから、人民も浄化行せねばならん、大元の道にかへり、歩まねばならん、今迄のような物質ではない物質の世となるのであるぞ。

つまらぬことに心を残すは、つまらぬ霊界とのゐにしが残ってゐることぞ。早う岩戸を開いて富み栄へ下されよ、人民富み栄えることは、神が富み栄えることぞ。何事もはらい清めて下されよ、清めるとは和すことぞ。違ふもの同志和するのがマコトの和であるぞ。8迄と9、10とは性が違ふぞ。

霊界に方位はない、人民は東西南北と申しているなれど、今に東の東が現はれてくるぞ。霊界では光のさす方が北ぢゃ、その他の東西南北は皆南ぢゃ、北が元ぢゃ、北（基田）よくなるぞと申してあろうがな。鳴門《ナルト》の渦巻を渡る時はカジをはなして、手放しで流れに委せると渡れるのであるぞ、カジをとると同じ処をグルグルぢゃ。カジをはなせる人民少ないのう。何でも彼んでもカヂをとって自分の思ふ通りに舟を進めようとするから大変が起こるのぢゃ、渦にまかせる時はまかさなければならんぞ、ナルトの仕組の一面であるぞ、大切ごとぞ。

幽界と霊線つなぐと自己愛となり、天界と霊線つなげば真愛と現はれるぞ。怒ってはならん、急いではならん。怒ると怒りの霊界との霊線がつながり、おもわぬ怒が湧いて物をこわして了ふぞ。太神のしくみに狂ひはないぞ。皆々安心してついて御座れよ。

霊界の真実

考へてゐては何も成就せんぞ。神界と交流し神界に生き。神界と共に弥栄すればよいのぢゃ。人間だけの現実界だけで処理しようとするのが考えぢゃ。考えは人間の迷いぞと申してあろうがな。迷いを払って真実に生きよ。そなたは信仰のありかたを知らんぞ。長い目で永遠の立場からの幸が、歓喜がおかげであるぞ。局部的一時的にはいやなことも起こってくるものぞ。いざと云う時には日頃の信心がものを云うぞ。神をうたがわず、天地を信じ、自分を信じ、人を信じる所にこそマコトの弥栄あるぞ。だますものにはだまされてやれよ。一先づだまされて、だまされんように導いて下されよ。そなたはそんな場合に我を出すからしくじるのぞ。

神界の事知らん人間は色々と申して理屈の悪魔に因はれて申すが、今度の愈々の仕組は人間の知りた事ではないぞ。神界の神々様にも判らん仕組だから、兎《と》や角申さずと、神の神示腹に入れて身魂磨いて素直に聞いて呉よ。それが第一だぞ。此の神示は世に出ている人では解けん。苦労に苦労したおちぶれた人で、苦労に負けぬ人で気狂と云はれ、阿呆と謂はれても神の道素直に聞く人間でないと解けんぞ。解いてよく嚙砕いて世に出ている人に知らしてやりて下されよ。苦労喜ぶ心高いぞ。

神界の事は人間には見当取れんのであるぞ、学で幾ら極め様とてわかりはせんのだぞ、学も無くてはならぬが囚はれると悪となるのざぞ、しもの神々様には現界の事は会得りはせんのざぞ、会得らぬ神々に使はれている肉体気の毒ながら身魂磨け身魂磨けとくどう申しているのざぞ、三、四月に気つけて呉れよ、どえらい事出来るから何うしても磨いておいて下されよ。

前にも建替はあったのだが、三千世界の建替ではなかったから、どの世界にでも少しでも曇りあったら、それが大きくなって悪は走れば、苦労に甘いから、神々様でも、悪に知らずになって来るのざぞ。それで今度は元の生神が天晴れ現はれて、悪は影さへ残らぬ様、根本からの大洗濯するのぞ、神々様、守護神様、今度は悪は影も残さんぞ。早う改心なされよ。立替の事学や智では判らんぞ。

霊界の重景

そなたは現実世界のことばかりより判らんから、現実のことばかり申して、一に一たす二だとのみ信じているが。現実界ではその通りであるが、それが平面の見方、考へ方と申すもの、いくら極めても進歩も弥栄もないのぢゃ。一に一たす世界、一に一たす無限の世界、超現実、霊の世界、立体の世界、立立体の世界のあることを体得せねばならんぞ。そなたは心をもって居ろうがな。心があれば心の属する世界のある道理は判るであろうが。心で描いて、心で先づつくり出してから行為することも、その順序も判るのであろうがな。心のうごきが先で、肉体がその後でうごくことも判って居ろうがな。心の世界にないものは物質の世界にない道理も判って居ろうがな。何故に迷ふのぢゃ。神界が主で現界が従であること、判って下されよ。逆立してそなた自身で苦しんでいること、早う得心して、うれしうれしで暮して下されよ。

白と黒とを交ぜ合わせると灰色になる常識はもう役にたたんぞ。白黒交ぜると鉛となり鉄となり銅となるぞ、更に銀となり黄金となるぞ、これがミロクの世のあり方ぞ、五と五では動きとれん。そなたの足許に、来るべき世界は既に芽生へているではないか。

木にも草にも石にも道具にもそれぞれの霊が宿っているのである。人間や動物ばかりでなく、総てのものに宿っているのである。宿っていると云ふよりは霊と体とで一つのものが出来上がっているのである。一枚の紙の裏表のようなもの、表ばかりのものもない。裏ばかりのものもない道理。数字にも文字にもそれぞれの霊が宿って居り。それぞれの用をしているのであるぞ。

世、迫って、霊かかりがウヨウヨ出ると申してある時来ているのぢゃ。悪かみかかりに迷ふでないぞ。

霊はものにつくと申してあろう。払いするときはモノにつけて、モノと共にせよ。共に祓へよ。

肉体的動きの以前に於いて霊的動きが必ずあるのであるぞ。故に人間の肉体は霊のいれものと申してあるのぞ。又霊と体とは殆んど同じものか同じ形をしているのであるぞ。故に物質界と切り離された霊界はなく、霊界と切り離した交渉なき現実はないのであるぞ。人間は霊界より動かされるが、又人間自体よりかもし出した霊波は反射的に霊界に反影するのであるぞ。人間の心の凸凹によって、一は神界に、一は幽界に反影するのであるぞ。幽界は人間の心の影が生み出したものと申してあろうがな。

霊は常に体を求め体は霊を求めて御座るからぞ。霊体一致が喜びの根本であるぞ。

一つの肉体に無数の霊が感応し得るのだ。それは霊なるが故にであるぞ。

二重三重人格と申すは、二重三重のつきものの転換によるものであり、群衆心理は一時的の憑依霊であると申してあろうがな。

霊が元と申してくどう知らしてあろうが。

霊人と語るのは危いぞ。気つけてくれよ。人は人と語れよ。

悪の霊はみぞおちに止まりかちぞ。霊の形は肉体の形、肉体は霊の形に従ふもの。このこと判れば、この世のこと、この世とあの世の関係がはっきりするぞ。

肉体は親から受けたのだから親に似ているぞ。霊は神から受けたのだから神に似ているぞ。

悪の霊は。ミゾオチに集まり、頑張るぞ。

悪霊自身は自身を悪と思うてないぞ。

天狗や狐は誰でもかかりてモノいふなれど、神は中々チョコラサとはかからんぞ、よき代になりたら神はモノ云はんぞ、この神は巫女《みこ》や弥宜《ねぎ》にはかからんぞ、神が誰にでもかかりて、すぐ何んでも出来ると思ふていると思いが違ふから気つけておくぞ。かみがかりに凝るとロクなことないからホドホドにして呉れよ。

夜明け前になると霊がかりがウヨウヨ、勝手放題にまぜくり返すなれど、それもしばらくの狂言。霊人も幽人も衣類を着て、食物を食べて、家に住んで、庭もあれば道もあり、町もあれば村もあり、山も川もあり、総てが地の上と同じぞ。天国がうつって地が出来ているのぢゃから、霊の国は更に立派、微妙ぞ。天界のもの光り輝き幽界のもの暗くなる違いあるだけぢゃ。その時の状態によって変化するが、総ては神が与へたのぢゃ、現界同様、与へられているのぢゃと知らしてあろうがな。時間、空間もあるのであるが、ないのであるぞ、同じ状態にあれば同じ処に住み、変化すれば別の所に住むのであるぞ。見ようと思へば、念の中に出て来て、見ること、語ること出来るのぢゃ。見まいとすれば見えんのぢゃ。自分で見、自分で語るのぢゃぞ。時、所、位、総てが想念の中、想念のままに現はれて来るのであるぞ。八人、十人の自分あるやうに、幾重にも折り重ってあるのであるが、各々別々にあるのであるぞ。判るやうに申すならば、時間も空間も映像であって、状態が変わるのみのことであるぞ。状態のもと、本質は限りないから、無限であるから、自由であるから、霊界は無限、絶対、自由自在であるぞ、現界では、時間に順に得たものでも、心の中では時間に関係なく、距離に関係なく、一所へならべられるであろうがな。心の世界で、時間空間のない道理これでよく判るであろうがな。

霊の世界には想念のままにどんなことでも出来るのであるぞ、うれしい、こわい世界が近づいて来ているのであるぞ。

ウヨウヨしている霊かかりにまだ、だまされて御座る人民多いのう、何と申したら判るのであるか、奇跡を求めたり、われよしのおかげを求めたり、下級な動物のイレモノとなっているから、囚はれているから、だまされるのぢゃ。霊媒の行いをよく見ればすぐ判るではないか、早うめざめよ。因縁とは申しながら、かあいそうなからくどう申して聞かせているのであるぞ、マコトの道にかへれよ。

群衆心理とは一時的の邪霊の憑きものぞ。われよしのやり方では世は治まらん。

第三章　人間

人間の生きる道

人間を幸福にするのは心の向け方一つであるぞ。

何事も天から出て来るのぢゃ。天からとは心からのことぢゃ。

宇宙は人間の心のままと申してあろうが。

心くらくては何も判らん。世の中は暗う見えるであろう。真暗に見えたら自分の心に光ないのぢゃ。心せよ。自分光れば世の中明るいぞ。より上のものから流れてくるものにまつりて行くこと大切ぢゃ。

文字書くのは心であるが、心は見えん。手が見へるのぢゃ、手見るはまだよい方ぢゃ。筆の先だけしか見えん。筆が文字書いていると申すのが、今の人間の考へ方ぢゃ、筆が一番偉いと思ふて御座るのぢゃ。信仰に入った始はよいが、途中から判らなくなるのぢゃ。そこが大切ぞ。判らなくなったら神示よめよ。キ頂いてよみがへるぞ。

モトを正さねばならん。間に合わんことになるぞ。心の改心すれば、どんなおかげでもとらすぞ。幽界は火の海ぢゃなあ。世界一度に改心。

心のいれかへせよとは新しき神界との霊線をつなぐことぞ。そなたは我が強いから我の強い霊界との交流が段々と強くなり、我のむしが生れてくるぞ。

そなたは他にものを与えることに心せねばならんぞ。与えることは頂くことになるのであるから、与えさしてもらう感謝の心がなければならんぞ。強く押すと強く、弱く押すと弱くはねかえつてくること、よく知って居ろうがな、自分のものと云ふものは何一つないこと、よく判って居る苦ぢゃ。

何処からともなく感じて来るもの尊べよ。

外にあるものは内にもあるぞ。

心とは身と心のことぞ。

心にマコトあり。口にマコト伝へるとも実行なきもの多いぞ。偽《イツワリ》に神の力は加はらない。偽善者多いのう。

人の心がマコトにならんと、マコトの神の力現はれんぞ。

心、入れかへれば、その場で荷物を持たすやうになるから、ミタマ十分磨いておいて下されよ。神が力添へるから、どんな見事な御用でも出来るのであるぞ。

天災地変は人間の心のままと申してあろう。豊作、凶作心のままぞ。今のままで行けば何うなるか、誰にも判らんであろうが、神示通りに出て来ること、未だうたがっているのか。

天地の心を早う悟りて下されよ。いやならいやで外に代わりの身魂があるから神は頼まんぞ、いやならやめて呉れよ。無理に頼まんぞ。神のすること一つも間違いないのぞ。よく知らせを読んで下されよ。

今迄のして来た事が、成程天地の神の心にそむいていると云ふこと心から分りて、心からお詫して改心すれば、この先末代身魂をかまうぞ。借銭負うてゐる身魂はこの世にはおいて貰へん事に規則定ったのざぞ、早う皆に知らしてやれよ。タテコワシ・タテナオシ、一度になるぞ、建直しの世直し早うなるかも知れんぞ、遅れるでないぞ、建直し急ぐぞ、元の世と申しても泥の海ではないのざぞ、中々に大層な事であるのぞ。上下グレンと申してあることよく肚に入れて呉れよ。

大空に向って腹の底から大きく呼吸してゴモクを吐き出し、大空を腹一杯吸い込んで下されよ。そなたの神を一応すてて心の洗濯を致してくれよ、神示が腹に入ったらすてて下されと申してあろうがな、神を信じつつ迷信に落ちて御座るぞ。
八のつく日に気つけてあろうが、八とはひらくことぞ、今が八から九に入る時ぞ、天も地も大岩戸ひらき、人民の岩戸ひらきに最も都合のよい時ぞ、天地の波にのればよいのぢゃ、楽し楽しで大峠越せるぞ、神は無理申さん、やればやれる時ぞ、ヘタをすると世界は泥の海、神々様も人民様も心の目ひらいて下されよ、新しき太陽は昇っているでないか。

火と水と組み組みて地が出来たのであるぞ、地の饅頭の上に初めに生えたのがマツであったぞ。マツはもとのキざぞ、松植へよ、松供へよ、松ひもろぎとせよ、松玉串とせよ、松おせよ、何時も変わらん松心となりて下されよ、松から色々な物生み出されたのぞ、松の国と申してあろうが。

人間は神のいれものと申してあろう。

軽く見るから神示分らんのぢゃ、人も軽く見てはならんぞ。

人間の死後、自分の性の最も好む状態におかれるのであるぞ、悪好きなら悪の、善好きなら善の状態におかれるのであるぞ。

あなたまかせ。よい妻と申してあろうが。神まかせがよい人間であるぞ。この神とみとめたらマカセ切れよ。神さまにホレ参らせよ。信仰の第一歩ぞ。

人間は神と共に自分自身で生成して行かなならん。人間から見れば全智全能の神、あるのであるぞ、マコトの全智全能。このことよく判りて下されよ。マコトの信仰と迷信との別れる大切ことぞ。

人間それぞれのミタマによって役目違ふのであるぞ、手は手、足は足と申してあろう。何も彼もマゼコゼにやるから結びつかんのぢゃ。

人間の生活の半分は霊的生活、霊の生活であるぞ、肉体に食ふことあれば霊にもあり、肉体に衣、すまいあれば霊人にも同様あるぞ。

人間は現界、霊界共に住んで居り、その調和をはからねばならん。

人間が悩みや怒りもっと、その持物までが争ふことになるぞ。早う気持から洗濯して下されよ。死んでも続くぞ。結構に始末せねばならん。

愛の人間は深く、智の人間は広く進むぞ。経と緯であるぞ。二つが織りなされて、結んで弥栄える仕組。経のみでならん。緯のみでならん。この世に生まれてはこの世の御用、この世の行せねばならん道理。この世に生まれて、この世の行せねば、生まれた時より悪くなるぞ。草木より役に立たんものとなるぞ。草木に変えると申してあろう。神が変へるのでない。自分でなり下るのであるぞ。判りたか。

大切なもの一切は、神が人間に与えてあるでないか。人間はそれを処理するだけでよいのであるぞ。何故に生活にあくせくするのぢゃ。悠々《ゆうゆう》、天地と共に天地に歩め、嬉しいぞ。

一切に向って涙せよ、ざんげせよ。一切を受け入れ、一切を感謝せよ、一切が自分であるぞ。一切が喜びであるぞ。

人間の智で判らんことは迷信ぢゃと申してゐるが神界のことは神界で呼吸せねば判らんのぢゃ。判らん人間ざから何申しても神にすがるより、愈々になりたら道ないことぞ。学に囚はれてまだめざめん気の毒がウヨウヨ。気の毒ぢゃなあ。

神は人間、人間は神であると申してあろう。人間の極まるところが神であるぞ。人間は神の土台ぞ。この道理判るであろうが。

人間は、色とりどりそれぞれの考へ方を自由に与へてあるのざから、無理に引張ったり、教へたりするでないぞ。今あるもの、今生きてゐるものは、たとへ極悪ざと見えても、それは許されてゐるのであるから、あるのであるぞ。他を排するでないぞ。

人間口でたべる物ばかりで生きてゐるのではないぞ。

人間にわかる様にいふなれば、身も心も神のものざから、毎日毎日神から頂いたものと思えばよいのであるぞ、それでその身体をどんなにしたらよいかと云ふこと分かるであろうが、夜になれば眠ったときは神にお返ししてゐるのざと思へ、それでよく分かるであろうが身魂みがくと申すことは、神の入れものとして神からお預りしている、神の最も尊いとこととしてお扱いすることとぞ。

学も神力ぞ。神ざぞ。学が人間の智恵と思っていると飛んでもない事になるぞ。

今の人間見て褒める様な事は皆奥知れているぞ。之《これ》が善である、マコトの遺方《やり》ぞと思っている事九分九厘迄は皆悪のやり方ぞ。今の世のやり方、見れば判るであろうが、上の人間殿悪い政治すると思ってやっているのではないぞ。上の人殿を悪く申すのでないぞ。よい政治しようと思ってやっているのぞ。よいと思ふ事に精出しているのざが、善だと思ふ事が善でなく、皆悪ざから、神の道が判らんから、身魂曇りてゐるから、人間困る様な政治になるのぞ。まつりごとせなならんぞ。わからん事も神の申す通りすれば自分ではわからんこともよくなって行くのざぞ。悪と思っていることに善が沢山あるのざぞ。人裁くのは神裁くことざぞ。怖いから改心する様な事では、戦がどうなるかと申す様な事ではマコトの人間ではないぞ。道に従へば、我身我家は心配なくなると云ふ道理判らんか。何もかも結構な事に楽にしてやるのざから、心配せずに判らん事も素直に云ふ事聞いて呉れよ。子に嘘つく親はないのざぞ。

今度は世に落ちておいでなされた神々様をあげねばならぬのであるぞ、臣民も其の通りざぞ、神の申す通りにすれば何事も思ふ通りにすらすらと進むと申してあろがな。此れからは神に逆ふものは一つもらちあかんぞ、やりてみよれ九分九厘でぐれんざぞ。皆の者が神を軽くしてゐるからお蔭なくなっているのざぞ。世の元の神でも御魂となっていたのではマコトの力出ないのざぞ。今度の仕組は元の生き通うしの神でないと間に合はんのざぞ。
人間のイクサや天災ばかりで、今度の岩戸ひらくと思ふていたら大きな間違いざぞ、戦や天災でラチあく様なチョロイことでないぞ。あいた口ふさがらんことになりて来るのざから、早うミタマ磨いてこわいもの無いやうになっておりてくれよ。肉体のこわさではないぞ、タマのこわさざぞ、タマの戦や禍は見当とれまいがな。まつり第一と申すのざ、神のミコトにきけよ、それにはどうしてもミタマ磨いて神かかれる様にならねばならんのざ。神かかりと申しても其処らに御座る天狗や狐や狸つきではないぞ。マコトの神かかりであるぞ。世界のことは皆、己の心にうつりて心だけのことより出来んのざぞ、この道理わかりたか、
神が申した時にすぐ何事も致して呉れよ、時過ぎると成就せん事あるのざぞ。桜花一時に散る事もあるぞ、いよいよ松の世と成るぞ、万劫変らぬ松の世と成るぞ。松の国松の世結構であるぞ。この神示声出して読みあげてくれよ、くどう申してあろがな、言霊高く読みてさえおれば結構が来るのざぞ、人間心出してはならんぞ。
今の人間口先ばかりでマコト申しているが、口ばかりでは、なほ悪いぞ、言やめて仕

へまつれ、でんぐり返るぞ。

今の人間の申す善も悪も一度にひらいて、パット咲き出るのが、次の世の新しき世の有様であるぞ、取違いせぬように、悪と申しても魔ではないぞ、アクであるぞ。大峠の最中になったら、キリキリまひして、助けてくれと押しよせるなれど、その時では間に合わん、逆立してお詫びに来ても、どうすることも出来ん、皆己の心であるからぞ、今の内に改心結構、神の申す言葉が判らぬならば、天地のあり方、天地の在り方による動きをよく見極めて下されよ、納得の行くように致して見せてあるでないか。

これまで申しきかせても言ふことききかぬ人民多いぞ、きく耳ないならば思ふようにやって見なされ、グルグル廻って又はじめからぞ、人民は神の中にいるのであるから、いくら頑張っても神の外には出られん、死んでも神の中にいるのぞ、思ふさまやりて得心改心、われがわれがで苦しむのも薬と申すもの。

人間に自由はないのであるぞ、真の自由は、大神にのみあるものぞ。大神の自由の一部が御喜びと共に神に流れ入り、神に流れ入った自由は、又神の喜びとなって人間に流れ入るから、人間自身は自由をもっているると信ずるのであるぞ。本質的には自由はないのであるぞ。人間には自由の影があり、反影あるのぞ。それを人間は自由と心得てゐるのであるぞ。人間は自由と心得てゐるが、それは自由ではなく、自分自身を首くるものぞ。善自由こそ真の自由であるぞ。自由は神から流れ出ると申してあろう。

神第一とすれば、神となり、悪魔第一とすれば悪魔となるぞ。何事も神第一結構、何と云ふ結構なことであったかと、始は苦しいなれど、皆が喜ぶ様になって来るのざぞ、先楽しみに苦しめよ。神国光輝《かがや》くぞ、日本にはまだまだ何事あるか判らんぞ。

この世をつくつた太神の神示ぞ、一分一厘違わんことばかり、後になって気がついても、その時ではおそいおそい、この神は現在も尚、大古を生み、現在を生み、未来を生みつつあるのぞ、この道理判りて下されよ、世界は進歩し、文明するのでないぞ、呼吸するのみぞ、脈拍するのみぞ、変化するのみぞ、歓喜弥栄とはこのことぞ。

因縁のあるミタマが集って来て人のようせん辛棒して世界の建替建直しの御用致すの

であるから、浮いた心で参りて来ても御役に立たん、邪魔ばかりぢゃ、因縁のみたまは何んなに苦しくても心は春ぢゃ、心勇まんものは、神示よんで馬鹿らしいと思ふものは、遠慮いらんから、さっさと帰りて下されよ。神はもう、機嫌とりは御免ぢゃ。

神が人間の心の中に宝いけておいたのに、悪にまけて汚して仕まうて、それで不足申していることに気づかんか、一にも金、二にも金と申して、人が難儀しようがわれさへよけらよいと申していでないか。

そなたはよく肚をたてているが、肚がたつのは慢心からであるぞ、よく心得なされよ。

そなたは自分の力を人に見せようとしているが、無邪気なものぢゃのう。自分の力がかくせぬようでは、頭に立つこと出来んぞ。何《なに》も何《か》も出して了《しま》ったのでは味がなくなるぞ。

気の合う者のみで和して御座るなれど、それでは和にならんと知らしてあろがな、今度は合わん者と合わせるのぢゃ。

親呼ぶ赤児の声で神を求めよ。
赤児になりて出直せよ。

えらいむごいこと出来るのを小難にしてあること分らんか、ひどいこと出て来ること待ちているのは、じゃのみたまぞ、そんなことでは神の臣民とは申されんぞ、臣民は、神に、わるい事小さくして呉れと毎日お願いするのが務めぞ、臣民近慾なから分らんのぞ、慾もなくてはならんのざぞ、取違ひと鼻高とが一番恐いのぞ、神は生れ赤子のこころを喜ぶぞ、みがけば赤子となるぞ、いよいよが来たぞ。

赤児になれよ、ゴモク捨てよ、その日その時から顔まで変るのざぞ。

人間心すてて仕舞て、智や学に頼らずに、神の申すこと一つもうたがはず生れ赤子の心のうぶ心になりて、神の教守ることぞ。

今の世に出てゐる守護神、悪神を天の神と思っているからなかなか改心むつかしいぞ、今迄の心すくりとすてて生れ赤子となりて下されと申してあろが。早よ改心せねば間に合はん、残念が出来るぞ、この神示わからんうちから、わかりておらんと、分りてから、分りたのでは、人並ざぞ、地の規則天の規則となる事もあるのざぞよ。

生れ赤児の心で神示読めよ。神示いただけよ。日本の臣民皆勇む様、祈りて、呉れよ。世界の人民皆よろこぶ世が来る様祈りて呉れよ、てんし様まつれよ。みことにまつろへよ。このこと出来れば他に何も判らんでも、峠越せるぞ。御民いのち捨てて生命に生きよ。

右の頬《ほほ》をうたれたら左の頬を出せよ、それが無抵抗で平和の元ぢゃと申しているが、その心根をよく洗って見つめよ、それは無抵抗ではないぞ、打たれるようなものを心の中にもっているから打たれるのぞ。マコトに居れば相手が手をふり上げても打つことは出来ん、よくききわけて下されよ。笑って来る赤子の無邪気は打たれんであろうが、これが無抵抗ぞ、世界一家天下泰平ぢゃ、左の頬《ほほ》を出すおろかさをやめて下されよ。

現実的には不合理であっても、不合理にならぬ道をひらくのが、霊現交流の道である。

此処は光の道伝へ、行ふ所、教でないと申してあろう。教は教に過ぎん。道でなくては、今度はならんのぢゃ。天の道、地の道、もろもろの道、カタ早う急ぐぞ。

神の道をよりよく、より高く集める道がマコトの信仰であるぞ。道であるぞ。

道しるべをつくりておくぞ。これがよろこびの道ぢゃ。人間のいのちを正しく育てることが一番のよろこび。人間と申すものは神の喜びの現れであるぞ。いくらけがれても元の神の根元神のキをうけているぞ。それを育てることぢゃ。導くことぢゃ。死なんとする人助けるのもその一つぢゃ。宿った子殺すことは、人間殺すことぢゃ。今の人間九分九厘は死んでいるぞ。救へ、救へ、救へ、おかげは取りどくぢゃ。生かせよ、生かせよ、生かす道は神示よむことぢゃ。

天には天の道、地には地の道、人間には人間の道あると申してあろう。同じ道であるが違ふのぞ。地にうつし、人間にうつす時は、地の約束、人間の約束に従ふのぞ。約束は神でも破れんのであるぞ。次元違ふのであるから違ってくるぞ。違ふのが真実であるぞ。それを同じに説いたのが悪の教。同じと思ふのが悪の考へ方であるぞ。

道は口で説くものではない。行ずるものである。教は、説かねばならない。多数決が悪多数決となるわけが何故に判らんのぢゃ。投票で代表を出すと殆どが悪人か狂人であるぞ。世界が狂ひ、悪となり、人間も同様となっているから、その人間の多くが選べは選ぶ程、益々混乱してくるのであるぞ。それより他に人間の得心出来る道はないと申しているのは平面の道、平面のみでは乱れるばかり、立体にアヤなせば弥栄えて真実の道が判るのぢゃ。ぢゃと申して独裁ではならん。結果から見れば神裁ぢゃ。神裁とは神人交流によることぞ。

立体弥栄の道、行詰りのない道、新しき世界えの道である。平面のみではどうにもならない時となっているのに、何して御座るのか、黒船にびっくりしては間に合わん。

現状を足場として進まねばならん。現在のそなたのおかれている環境は、そなたがつくり上げたものでないか、山の彼方に理想郷があるのではないぞ、そなたはそなたの足場から出発せねばならん。もしそれが地獄に見えようとも現在に於てはそれが出発点。それより他に道はないぞ。

この道に入ると損をしたり、病気になったり、怪我をすることがよくあるなれど、それは大難を小難にし、又めぐりが一時に出て来て、その借銭済しをさせられているのぢゃ。借りたものは返さなければならん道理ぢゃ。損もよい、病気もよいぞと申してあろうが、此処の道理もわきまへず理窟申してゐるが、そんな人間の機嫌とりする暇はなくなったから、早う神心になって下されよ。そなたは祈りが足らんぞ。祈りと申すのは心でゐのり願ふことでないぞ。実行せねばならん。地上人は物としての行動をしなければならんぞ。口と心と行と三つ揃はねばと申してあること、忘れたか。

頭を下げて見なされ、流れて来るぞ。頭も下げず低くならんでは流れては来ないぞ。神のめぐみは淡々とした水のようなものぞ、そなたは頭が高いぞ、天狗ぞ。その鼻まげて自分のにほひをかいて見るがよい。そなたは左に傾いているぞ。左を見なければならん、片よって歩いてはならんぞ。そなたは右を歩き乍ら、それを中道と思って御座るぞ。そなたは平面上を行っているから、中道のつもりで、他に中行く道はないと信じているが、それでは足らんのう、立体の道を早うさとりなされよ。正中の大道あるのであるぞ。左も右も上も下も相対の結果の世界ぢゃ。原因の世界に入らねばならん。真の世界和平は今のやり方考へ方では成就せんぞ。三千世界和平から出発せねばならん。

仲よしになって道伝へよ。道を説けよ。一切を肯定して伝へよ。悪神かかりたなれば自分では偉い神様がうつりていると信じ込むものぞ。可哀さうなれどそれも己の天狗からぞ。取違ひからぞ。霊媒の行《おこない》見ればすぐ判るでないか、早う改心せよ。霊のオモチャになっている者多い世の中。

省みると道見出し、悟ると道が判り、改むると道進む。苦しむばかりが能ではない。喜びが道であるぞ。

道は自分で歩まねばならん。自分の口で食物嚙まねばならん。かみしめよ。

悪に行く道はないぞ。道は善のみに通じているぞ。道なきところ進むでないぞ。

この道は神の道であり人の道であるぞ。この道の役員は神が命ずることもあるが、おのれが御用すれば、自然と役員となるのぞ、だれかれの別ないぞ、世界中の臣民みな信者ざから、臣民が人間ごころでは見当とれんのも無理ないなれど、この事よく腹に入れて置いてくれよ。

この道ひろめて金儲けしようとする人間沢山に出て来るから、皆気付けて呉れよ。内の中にも出て来るぞ。金は要らぬのざぞ、金いるのは今しばらくぞ、生命は国にささげても金は自分のものと頑張って居る人間、気の毒出来るぞ、何もかも天地へ引き上げぞと知らしてあること近づいて来たぞ。金がかたきの世来たぞ。

この道は道なき道ざぞ。天理も金光も黒住も今はタマシイぬけて居れど、この道入れて生きかえるのぞ、日蓮も親鸞《らん》も耶蘇も何もかもみな脱け殻ぞ、この道でタマ入れて呉れよ、この道は神ぞ、人間の中に神入れて、呉れと申してあろうが、人も世界中の人も国々もみな同じことぞ、神入れて呉れよ、身魂を掃除して居らぬと神はいらんぞ、今度の戦は身魂の掃除ぞと申してあろうがな、この道は教でないと云ふてあろうが、教会やほかの集いでないと申してあろうがな、人集めて呉れるなと申してあろうがな、世界の人々みな信者と申してあろうが、この道は道なき道、時なき道ぞ、光ぞ、この道でみな生き返るのざぞ。

この道弘めるには教会のやうなものつとめて呉れるなよ、まどひを作りて呉れるなよ。心から心、声から声、身体から身体へと広めて呉れよ、世界中の臣民みなこの方の民ざから、早う伝へて呉れよ、神も人も一つであるぞ、考へていては何も出来ないぞ、考へないで思ふ通りにやるのが神のやり方ぞ、考は人の迷ひざぞ、いまの人々身魂くもりているから考へなければならぬが、考へればいよいよと曇りたものになる道理分らぬか。

この方の道、悪きと思ふなら、出て御座れ、よきかわるきか、はっきりと得心ゆくまで見せてやるぞ、何事も得心させねば、根本からの掃除は出来んのざぞ、皆和合して呉れよ、わるき言葉、息吹が此の方一番邪魔になるぞ、苦労なしにはマコト判らんぞ、慾はいらぬぞ、慾出したら曇るのぞ。めくらになるぞ、おわびすればゆるしてやるぞ。天地に御無礼ない人間一人もないのざぞ。病治してやるぞ、

昨日《きのう》は昨日、今日は今日の風、昨日に囚われるなよ、人民の道は定っているなれど、目の前だけしか見えんから踏み迷ふのであるぞ、薬飲んで毒死せんように致してくれよ。薬は毒、毒は薬ぢゃ、大峠にも登りと下りとあるぞ、馬鹿正直ならん、頭の体操、ヘソの体操大切ぞ。

人間の論理

理窟なしに子は親を信ずるぞ。その心で神に対せよ。

理窟すてよ。すててやって見なされ。みなみな気つかん道、気つかん病になっている

ぞ。

理窟で神の道に導くこと中々ぢゃ。

そなたは中々に立派な理窟を申すが、理窟も必要であるが、あわの如きもの、そなたの財産にはならん。体験のみが財産であるぞ。体験の財産は死んでからも役にたつ。

信仰は理窟でない体験ぞ。理窟でない拝むことぞ。拝むのは自分無くすことと申してあろう。

自分のみの信仰は、私心私情のため。自己つくりてから人を導くのぢゃと理窟申しているが、その心根洗って自分でよく見つめよ。悪は善の仮面かぶって心の中に喰入っているぞ。仮面が理窟。理屈は隠れ衰。

理窟は一方的のものぞ。どんな理窟も成り立つが理窟程頼りないもの、力にならんものないぞ。囚はれるなよ。

わざわざ遠い所へお詣りせんでも、自分の家にまつつてあるのぢゃから、それを拝めば同じことぢゃ。それでよいのぢゃと理窟申しているが、格の上の所へお詣りするのが仁義、礼儀と申すもの、キあれば必ず出来るのぢゃ。

今迄の教ではマボロシぞ。力ないぞ。マボロシとは人間智恵のこと。理窟のことぢゃ。理窟とは悪の学のことぢゃ。

理窟で進んで行くと、しまひには共喰から、われとわれを喰ふことになるぞ。理窟は迷信。

理窟から神を求めると、理窟の神が顕《あら》はれるぞ。

理窟の信仰に囚はれると邪道。赤児の信仰は第一ぞ。

神の臣民に楽な事になるぞ、理屈無い世にするぞ、理屈は悪と申してあろうが、理屈ない世に致すぞ。理屈くらべのきほひ無くして仕舞ふぞ。人に知れんようによいことつとめと申してあろが。人に知れん様にする好い事神こころぞ。神のしたことになるのざぞ。早う誠の臣民ばかりで固めて呉れよ。神世の型出して呉れよ。時、取違へん様に、時、来たぞ。


そなたはまだ方便をつかっているが、方便の世はすんでいるのぞ。方便の世とは横の教、いろはの教、平面の教のことぞ、仏教もキリスト教も回教もみな方便ぢゃ。教ではどうにもならん。ぎりぎりの世となっているのぞ、道でなくてはならん。変わらぬ太道でなくてはならんぞ。方便の世はすんでほうべんの世となり、そのほうべんの世もやがて終るぞと知らしてあろうが。道とは三界を貫く道のことぞ。宇宙にみちみつ神のあり方ぞ、法則ぞ、秩序ぞ、神の息吹きぞ。弥栄ぞ、喜びぞ、判りたか。

化けの世、方便の世、方便の教はすんだのぢゃ。教では世は正されん。教のつどいはつぶれて了うのぢゃ。無理してはならん。そなたの無理押しはよいことをわるく曲げるぞ。

何事も方便と申して自分勝手なことばかり申しているが、方便と申すもの神の国には無いのざぞ。マコトがことぞ、マの事ぞ、コトだまぞ。これまでは方便と申して逃げられたが、も早逃げること出来ないぞ、方便の人々早う心洗ひて呉れよ、方便の世は済みたのざぞ、いままでも仏の世と思うているとびっくりがでるぞ。

理屈は一方的のものぞ、どんな理屈も成り立つが理屈程頼りないもの、力にならんものないぞ。

理屈で進んで行くと、しまひには共喰から、われとわれを喰ふことになるぞ。

人間の考え方

改心とは阿呆《あほ》になることざぞ。

破れるのは内からぞ、外からはビクとも致さんぞ。

此の世では、人間の心次第で良くも悪くも出て来るのぢゃ。

人が悪く思へたり、悪くうつるのは己が曇りているからぞ。

かへりみるとよくなる仕組。

ウとは現実界ぞ。ムとは霊界であるぞ、ウもムも同じであるぞ。ムからウ生れて来ると申してあること、よく心得よ。神の仕組、狂ひないなれど、人間に判らねば、それだけこの世の歩みおくれるのぢゃ。この世は人間と手引かねばならんから、苦しみが長くなるから、千人万人なら一人づつ手引いてやりてもやりやすいなれど、世界の人間、動物虫けらまでも助ける仕組であるから、人間早う改心せねば、気の毒いよいよとなるぞ。

これほどことわけて申しても得心出来ないのならば、得心の行くまで思ふままにやりて見なされよ。そなたは神の中にいるのであるから、いくらあばれ廻っても神の外には出られん。死んでも神の中にいるのであるぞ。思ふさまやりて見て、早う得心改心いたされよ。改心して仕事嘉言と仕へまつれよ。結構ぢゃなあ。そなたは自分は悪くないが周囲がよくないのだ。自分は正しい信仰しているのだから、家族も知友も反対する理由はない。自分は正しいが他が正しくないのだから、正しくない方が正しい方へ従って来るべきだと申しているが、それは一方的な考へ方ぞ、外が善くて内のみ悪いと云うことないと申してあろう。内にあるから外から近よるのだと申してあろうが、そなたは無抵抗主義が平和の基だと申して右の頬を打たれたら左の頬をさし出して御座るなれど、それは真の無抵抗ではないぞ。よく聞きなされ、打たれるようなものをそなたがもっているからこそ、打たれる結果となるのぢゃ。まことに磨けたら、まことに相手を愛していたならば、打たれるような雰囲気は生れないのであるぞ。頬《ほほ》をうたれて下されるなよ。生れ赤児見よと知らしてあろうが。

人間の世の中

行きつまるのは目に見える世界のみに囚はれているからぞ、死んでも自分は生きてゐるのであるぞ。

行詰った時は大きくひらける時ぢゃ。

思ふようにならんのは、天地の弥栄。生成化育にあづかって能いていないからぞ。今の世界の行き詰りは、世界が世界の御用をしてないからぢゃ。神示よめよ。

八のつち日に気つけと申してあろう。八とはひらくことぞ。ものごとはひらく時が大切ぢゃ。第一歩の前に0歩があるぞ。0歩が大切ぞ。心せよ。そなたは行詰って苦しんで御座るなれど、それは間違った道を歩んで来たからぞ。行詰りは有がたいぞ。省みる時を与えられたのぢゃ。ミタマ磨きさえすれば何ごともハッキリとうつりて、楽に行ける道がちゃんとつくつてあるのぢゃ。その人その人に応じて如何ようにでも展け行くぞ。犬猫でさえ楽々と栄えているでないか。洗濯次第でどんな神徳でも与えるぞ。

思ふように運ばなかったら省みよ。己が己にだまされて、己のためのみに為《な》してゐることに気つかんのか、それが善であっても、己のためのみならば死し、善のための善ならば弥栄えるぞ。

この世のやり方、わからなくなったら、この神示をよまして呉れと云うて、この知らせを取り合ふから、その時になりて慌てん様にして呉れよ。日本の国は一度つぶれた様になるのざぞ。一度は神も仏もないものと皆が思う世が来るのぞ。その時にお蔭を落さぬやうシッカリと神の申すこと腹に入れて置いて呉れよ。

この先どうしたらよいかと云ふ事は、世界中金《かね》の草鞋《わらじ》で捜《さが》しても九九《ここ》より他分からんのざから、改心して訪ねて御座れ。手取りてよき方に廻してやるぞ。神の国の政治は、もの活かす政治と申してあろうが、もの活かせば経済も政治も要らんぞ。金もの云ふ時から、物もの云ふ時来るぞ。誠もの云ふ時来るぞ、石もの云ふ時来るぞ。

大掃除はげしくなると世界の人民皆、仮死の状態となるのぢゃ、掃除終ってから因縁のミタマのみを神がつまみあげて息吹きかへしてミロクの世の人民と致すのぢゃ。因縁のミタマには神のしるしがつけてあるぞ、仏教によるもののみ救はれると思ってはならんぞ、キリストによるもののみ救はれると思ってはならん、神道によるもののみ救はれると思ってはならん、アラーの神によるもののみ救はれるのでないぞ、その他諸々の神、それぞれの神によるもののみ救はれるのでないぞ、何も彼も皆救はれるのぢゃ、生かすことが救ふこととなる場会と、殺すことが救うことになる場合はあるなれど。

そのものに接して下肚がグット力こもってくるものはよいもの、ほんものであるぞ。キは総てのものに流れ込むもの。

額に先づ気あつめて、肚でものごと処理せねばならんぞ。日暮よくなるぞ。日暮に祀り呉れよ。

もの見るのは額で見なされ。ピンと来るぞ。額の判断間違ひなし。額の目に見の誤りなし。

星の国、星の臣民今はえらい気張り様で、世界構うやうに申してゐるが、星ではダメざぞ、神の御力でないと何も出来はせんぞ。

学の世はもう済みたのぞ、日に日に神力あらはれるぞ。一息入れる間もないぞ。ドシドシ事をはこぶから後れんやうに、取違ひせんやうに、慌てぬやうにして呉れよ。

お太陽《ひ》様円いのでないぞ、お月様も円いのではないぞ、地球も円いのではないぞ、人も円いのが良いのではないぞ、息しているから円く見えるのざぞ、活《はたら》いているから円く見えるのざぞ。皆形無いものいふぞ、息しているもの皆円いのざぞ、神の経済この事から生み出せよ、大きくなったり小さくなったり、神の御心通りに活《ハタラ》くものは円いのざぞ、円い中にも心《しん》あるぞ、神の政治、この事から割り出せよ、神は政治の姿であるぞ、神の政治生きているぞ、人の政治死んでいるぞ。

左は火ぞ、右は水ざぞ、日の神と月の神ざぞ、日の神許り拝んで月の神忘れてはならんぞ、人に直接恵み下さるのは月の神ぞ、ぢゃと申して日の神おろそかにするでないぞ、水は身を護る神ざぞ、火は魂護る神ざぞ、火と水とで組み組みて人ぞ、身は水で出来ているぞ、火の魂入れてあるのざぞ。

今の自分の環境がどんなであろうと、それは事実であるぞ。境遇に不足申すなよ。現在を足場として境遇を美化し、善化してすすめ。其処にこそ神の光、よろこび現はれるのぢゃ。逃道つくれば迷ひの道に入るぞ。楽に得たもの、楽に失う。

光は天のみでなく、地からも人間からも、すべて生命あるものから出ているのであるが、その喜びの度に正比例してのものであるから、小さい生命からの光は判らんものであるぞ。

目と口から出るもの。目の光りと声とは、実在界にも実力もっているのであるぞ。力は体験通して出るのであるぞ。

神の国光りて目あけて見れんことになるのざぞ、人間の身体からも光が出るのざぞ、その光によりてその御役、位、分るのざからミロクの世となりたら何もかもハッキリしてうれしうれしの世となるのぞ、今の文明なくなるのでないぞ、タマ入れていよいよ光りて来る　自分はよいが、世の中が悪いのぢゃと申しているが、その自分省みよ。自分が神の道にあり、真実であるならば世の中は悪くないぞ。輝いているぞ。自分にふりかかって来る一切のものは最善のものと思へ。如何なる悪いこともそれは最善のものであるぞ。この道理よくわきまえて下されよ。神にとけ入れば一切の幸福得られるのぢゃ。

世を呪ふことは自分を呪ふこと、世間や他人を恨むことは自分を恨むこと、このこと悟れば一切はそこからひらけくるぞ。十のもの受けるには十の努力。

親子、夫婦、兄弟姉妹と生れても逆縁あるぞ、カタキ同志結ばれることあるぞ、それは大き恵みぞ、それに打ちかって新しき生命うみ出してつかへまつれ、体験ないところに信仰ない。

もの見るのは額《ヒタイ》で見なされ、ピント来るぞ、額の判断間違ひなし。額の目に見の誤りなし。

人間の死

天人に結婚もあれば、仕事もあるぞ、天国に富者もあれば貧者もあるぞ。死も亦《マタ》あるのであるぞ。死とは住む段階の違ふ場合に起る現像ぞ。死とは生きることぞ。変ることぞ。

このほうの許へ引寄せた人間。八九分通りは皆一度や二度は死ぬる生命を神が助けて、めぐり取って御用さしているのぞ。奉仕せよ、どんな御用も勇んで勉めよ。肚に手あて考へて見よ。成程なあと思いあたるであらが。喉元すぎて忘れて居ろうが。

死産の子も祀らねばならん。

死ぬ時の想念のままの世界に住むのであるぞ。この世を天国として暮す人天国へ行くぞ。地獄の想念、地獄生むぞ。拝んで居ればよくなるぞ。そんなこと迷信と申すか、拝んで見なされ。百日一生懸命で拝んで見なされ。必ずおかげあるぞ。神があるから光がさして嬉し嬉しとなるのであるぞ。

生れ赤児になって聞いて下されよ。そなた達の本尊は八枚十枚の衣着ているのぢゃ。死と云ふことは、その衣、上からぬぐことぢゃ。ぬぐと中から出て来て又八枚十枚の衣つけるやうになっているのぢゃ。判るやうに申しているのぢゃぞ。取違ひせんやうにせよ。

死とは住む段階の違ふ場合に起る現象ぞ。死とは生きることぞ。変ることぞ。

霊人も幽人も衣類を着て、食物食べて、家に住んで、庭もあれば道もあり、町もあれば村もあり、山も川もあり、総てが地の上と同じぞ。天国がうつって地が出来ているのぢゃ、霊の国は更に立派、微妙ぞ、天界のもの光輝き幽界のもの暗くなる違ひあるだけぢゃ。その時の状態によって変化するが、総ては神が与へたのぢゃ、現界同様、与へられているのぢゃ、と知らしてあろうがな。時間、空間もあるのであるが、ないのであるぞ。同じ状態にあれば同じ所に住み、変化すれば別の所に住むのであるぞ。見ようと思へば、念の中に出て来て、見ること、語ること出来るのぢゃ。見まいとすれば見えんのぢゃ。自分で見、自分で語るのぢゃぞ。時、所、位、総てが想念の中、想念のままに現はれて来るのであるぞ、幾重にも折り重ってあるのであるが、各々別にあるのであるぞ。判るやうに申すならば、時間も空間も映像であって、情態が変るのみのことであるぞ。情態のもと、本質は限りないから、無限であるから、自由であるから、霊界は無限、絶体、自由自在であるぞ。限界では、時間に順に得たものでも、心の中では時間に関係なく、距離に関係なく、一所へならべられるであろうがな。心の世界で時間、空間のない道理これでよく判るであろうがな。

一日に十万、人死にだしたら神の世がいよいよ近づいたのざから、よく世界のことを見て皆に知らして呉れよ。この神は世界中のみか天地のことを委されている神の一柱ざから。

死んで生きる人と、生きながら死んだ人と出来るぞ。神のまにまに神の御用して呉れよ、殺さなならん人間、どこまで逃げても殺さなならんし、生かす人間、どこにいても生かさなならんぞ。

人民一度死んで下されよ、死なねば甦られん時となったのぞ、今迄の衣をぬいで下されと申してあろう。世がかわると申してあろう、地上界の総てが変るのぞ、人民のみこのままと言うわけには参らぬ、死んで生きて下されよ、タテカへ、タテナホシ、過去と未来と同時に来て、同じところで一先づ交り合うのであるから、人民にはガテンゆかん、新しき世となる終りのギリギリの仕上げの様相であるぞ。

判らんと申すのは一面しか見えぬことであるぞ。双方を見る目に、早う改心致してくれよ。この白黒まだらの時は長くつづかん、最も苦しいのは一年と半年、半年と一年であるぞ、死んでから又甦られるように死んで下されよ、マコトを心に刻みつけておりて下されよ。

人間の歩む道

春が来れば草木に芽が出る。花が咲く。秋になれば葉が枯れるのぢゃ。時節程結構なものないが、又こわいものもないのであるぞ。丁度呼吸のようなもので一定の順序あるのぞ。これが神の用《はたらき》であるから、神の現はれの一面であるから。神も自由にならん。この神も時節にはかなわんのであるのに、そなたは時々この時節を無視して自我で、或いは時節を取違いして押しまくるから失敗したり怪我したりするのぢゃぞ。素直にしておれば楽に行けるようになっているぞ。時までばいり豆にも花がさくのであるぞ。水が逆に流れるのであるぞ。上下でんぐり返るのであるぞ。上の人が青くなり。下の人が赤くなるのであるぞ。取りちがいないように理解して下されよ。

そなたのやることはいつも時が外れて御座るぞ。餅つくにはつく時あるぞと知らしてあろうが。時の神を忘れてはならんぞ。春には春のこと、夏は夏のことぢゃ。そなたは御神業ぢゃと申して、他に迷惑かけているでないか。そこから改めねばならん。鼻つまみの御神業はないのであるぞ。そなたはお先まっくらぢゃと申しているが、夜明の前はくらいものぞ。暗いやみの後に夜明けがくること判っているであろうが、神はすべてを見通しであるから、すぐのおかげは小さいぞ。利子つけた大きなおかげを結構に頂いて下されよ。

時の神ほど結構な恐い神ないのだぞ、この方とて時節にはかなはんことあるのだぞ。何事も時待ちて呉れよ。炒豆にも花咲くのだぞ、この世では時の神様、時節を忘れてはならんぞ、時は神なりぞ。何事もその時節来たのだぞ、時過ぎて種蒔いてもお役に立たんのであるぞ

我出すほど苦しくなるのぢゃ。

われよしの小さいわれよしではならん。大きわれよし結構ぞ。

我出すから苦しんでいるのざぞ、神が苦しめているのではないぞ、人間自分で苦しんでいるのだと申してあろうがな。恐しなっての改心では御役六ケ敷いぞ。

心の目ひらけよ。ゴモク投出せよ。我の強い守護神どの、もう我の世はすんだぞ。我出すほど苦しくなるのぢゃ。

われにどんな力があったとて、我を出してはならんぞ。我を出すと力なくなるぞ。我を、大き我に、昇華させよ。大我にとけ入らねばならん。大我にとけ入ったとて、小我がなくなるのでないぞ。

智出すから、学出すから、我出すから行き詰るのぞ。生れ赤児と申すのは智も学も我も出さん水晶のことぞ。ねり直して澄んだ水晶結構。親の心判ったら手伝いせねばならん。云はれん先にするものぢゃと申してあろうが。いつまでも小便かけてゐてはならんぞ。人間は罪の子でないぞ。喜びの子ぞ。神の子ぞ。神の子なればこそ悔い改めねばならんぞ。

我れよしと云ふ悪魔と学が邪魔している事にまだ気付かぬか。嬉し嬉しで暮らせるのざぞ。日本《ひのもと》の人間は何事も見えすく身魂授けてあるのだぞ、神の御子だぞ、掃除すれば何事もハッキリとうつるのぞ。早う判らねば口惜しい事出来るぞ。

此の方は力あり過ぎて失敗った神ざぞ、此の世かもう神でも我出すと失敗るのぞ、何んな力あったとて我出すなよ此の方がよい手本ぞ。世界かもう此の方さへ我で失敗ったのぞ、くどい様なれど我出すなよ、慢心と取違いが一等気ざはりざぞ。改心ちぐはぐざから物事後先になりたぞ。

人間心には我《が》があるぞ。神心には我がないぞ。我がなくてもならんぞ、我があってはならんぞ。我がなくてはならず、あってはならん道理分りたか。神にとけ入れよ。。我なくせ、我出せよ。建替と申すは、神界、幽界、顕界にある今までの事をきれいに塵一つ残らぬ様に洗濯することざぞ。今度と云ふ今度は何処までもきれいさっぱりと建替するのざぞ。建替と申すは、世の元の大神様の御心のままにする事ぞ、御光の世にすることぞ。

神示読まないで智や学でやろうとて、何も、九分九厘で絡局《りんどまり》ぞ。我《われ》が我《われ》がとれたら判って来るぞ、慢心おそろしいぞ。

わが身をすてて、三千世界に生きて下されよ、わが身をすてると申すことは我《が》をすてること、学をすてることぢゃ、すてると真理がつかめて大層な御用が出来るのであるぞ、それぞれの言葉はあれどミコトは一つぢゃと申してあろうが、ミコトに生きて下されよ。

言葉の裏には虫がついているぞ、英語学ぶと英語の虫に、中国語学ぶと中国語の虫に犯されがちぢゃ。判らねばならんし、中々ながら御苦労して下されよ。大難を小難にすることは出来るのであるが無くすことは出来ん。不足申すと不足の虫が湧くぞ、怒ると怒りの虫ぞ。一生懸命、自分の信じるように、神を小さくして自分で割り切れるように、引きづり降して居るなれど、困ったもんぢゃ、長くゆったりとした気持ちで神を求めて下されよ。

この世は神の国の移しであるのに、幽界から移りて来たものの自由にせられて、今の体裁、この世は幽界同様になっているぞ。地は地のやり方せねば治らん。早う気付いた人民から、救いの舟を出して下されよ。これと信じたらまかせ切れよ。損もよいぞ。病気もよいぞ。怪我もよいぞ。それによってメグリ取っていただくのぞ、メグリなくなれば日本晴れぞ。今がその借銭済しぞ。世界のメグリ大きいぞ。

この世のやり方、わからなくなったら、この神示よまして呉れと云うて、この知らせを取り合ふから、その時になりて慌てん様にして呉れよ。

この世はみな神のものだから人間のものと云ふもの一つもないぞ、お土からとれた物、みな先づ神に供へよ、それを頂いて身魂を養ふ様になっているのに、神には献げずに、人間ばかり喰べるから、いくら喰べても身魂のふとらぬのぞ、何でも神に供へてから喰べると身魂ふとるぞ。今の半分で足りるぞ。それが人間の頂き方ぞ。

この世が元の神の世になると云ふことは、何んな神にも分かって居れど、何うしたら元の世になるかといふこと分からんぞ、神にも分からんこと人にはなほ分らんのに、自分が何でもする様に思ふているが、サッパリ取り違いぞ。やって見よれ、あちへ外れこちへ外れ、いよいよ何うもならんことになるぞ、最後のことはこの神でないと分からんぞ。いよいよとなりて教へて呉れと申しても間に会はんぞ。

末法の世とは地の上に大将の器《うつわ》無くなりていることざぞ。

此の世の位もいざとなれば宝も富も勲章も役には立たんのざぞ、此の世去って役に立つのは身魂の徳だけぞ、身についた芸は其の儘役立つぞ。人に知れぬ様に徳つめと申してあろがな、神の国に積む徳のみ光るのざぞ、今迄は闇の世であったから、どんな悪い事しても闇に逃れる事出来てきたが闇の世はもうすみだぞ、思い違ふ臣民沢山あるぞ。

何んな集いでも大将は皆思ひ違ふぞ、早うさつぱり心入れ換へて下されよ。神の子でないと神の国には住めんことになるぞ、幽界《がいこく》へ逃げて行かなならんぞ。二度と帰れんぞ。幽界行とならぬ様、根本から心入れかへて呉れよ。一度にどっと大変が起こるぞ。

この世界は浮島であるから、人民の心通り、悪くもなりよくもなるのざぞ。食ふ物ないと申して歩き廻っているが、餓鬼《がき》に食はすものは、もういくら捜してもないのぞ。人は神の子だから食ふだけのものは与へてあるぞ。神の子に餓死はないぞ。いやさかのみぞ。此処は先づ世界の人民の精神よくするところであるから、改心せねばする様いたすぞ、分らんのは我《われ》かまふ人慢心しているからぞ。

現実の事のみで処してはならん、常に永遠の立場に立って処理せよと申してあろうがな、生きることは死に向って進むこと、マコトに生きる大道に目ざめてくれよ、神示を始めから読めば何事もありやかぞ。奥山はあってはならん無くてはならん存在であるぞ、善人の住むところ、悪人の休む処と申してあろう、奥山は神、幽、現の三界と通ずるところ。

すべての世の中の出来ごとはそれ相当に意義あるのであるぞ。意義ないものは存在ゆるされん。それを人間心で邪と見、悪と感ずるから、狭い低い立場でいるから、いつまでたってもドウドウめぐり。それを毒とするか薬とするかは各々の立場により、考へ方や、処理方法や、いろいろの運び方によってしるのであるから、心せねばならんぞ。

日に日に厳しくなりて来ると申してありた事始まっているのであるぞ。まだまだ激しくなって何うしたらよいか分からなくなり、あっちへうろうろ、こっちへうろうろ、頼る処も着るものも住む家も食ふ物も無くなる世に迫って来るのだぞ。それぞれにメグリだけの事はせなならんのであるぞ、早い改心はその日から持ちきれない程の神徳与へてうれしうれしにしてやるぞ、寂しくなりたら訪ねて御座れと申してあろがな、洗濯次第で何んな神徳でもやるぞ、神は御蔭やりたくてうづ〳〵しているのざぞ。今の世の様見ても未だ会得らんか、神と獣とに分けると申してあろが、早う此の神示読み聞かせて一人でも多く救けて呉れよ。

流れ出たものは又元にかえると申しても、そのままでは帰られんのであるぞ、天から降った雨が又天に昇るには、形をかえるであろうが、この道理をわきまえんと、悪かみかかりとなるぞ。

誰でも重荷負はせてあるのぢゃ。重荷あるからこそ、風にも倒れんのだ。この道理、涙で笑って汗で喜べよ。それとも重荷外してほしいのか。重い重荷もあるぞ。軽い重荷もあるぞ。

この世で天国に住めんもの、天国に行ける道理ないのぢゃと申してあろう。

そなたは失業したから仕事を与えてくれと申しているが。仕事がなくなってはおらんぞ。いくらでもあるではないか。何故に手を出さんのぢゃ。そなたはすぐ金にならねば食って行けない、金にならぬ仕事は出来ぬ、自分はよいが妻子が可哀さうざから、などと申しているが、どんな仕事でも、その仕事にとけ込まねば、その仕事になり切らねばならんのに、そなたは目の先の慾にとらわれ、慾になり切って、目の色を変えて御座るぞ。それでは仕事にならん。仕事は神から与えたり人が与えてくれるのではないぞ。自分自身が仕事にならねばならん。この道理さへ判れば、失業はないぞ。自分が仕事ぢゃからのう。

一九《ひく》れを気つけて呉れよ、日暮れよくなるぞ、日暮れに始めたことは何でも成就するやうになるのだぞ、一九《ひく》れを日の暮れとばかり思うていると、人間の狭い心で取りていると間違ふぞ。

何か迫り来るのは、何か迫り来るものが自分の中にあるからぞ、内にあるから外から迫るのぢゃ。自分で呼びよせているのぢゃ。苦しみの神。因果の神呼んでおいて、不足申している者多いのう。自分で呼びよせながら嫌がってハネ返すテあるまいにのう。同じものでも表からと裏からとでは違ふのぢゃ。同じ目で見ても、ちがってうつるのぢゃ。心得よ。

毎日々々、太陽と共に、太陽について起き上れよ。その日の仕事、与へられるぞ。仕事いのちと仕へまつれよ。朝寝するからチグハグとなるのぢゃ。不運となるのぢゃ、仕事なくなるのぢゃ。

何もせんでいて。よき事許り待ちていると物事後戻りになるぞ。神の道には後戻りないと申してあろがな、心得なされよ。

そなたはいつも孤独、そなたの不運は孤独からぢゃ。友をつくりなさい、友をつくることは己をつくることと申してあろうが。友つくることは新しき世界をつくることぞ。一人の世界は知れたものぞ。一人ではマコトの道を生きては行かれんぞ。友と申しても人間ばかりではないぞ。山も友、川も友、動物も植物も皆友ぞ。大地も大空も皆友となるぞ。何も彼も皆友ぢゃ。皆己ぢゃ、皆々己となれば己はなくなるぞ。己なくなれば永遠に生命する無限の己となるのぢゃ。

病、ひらくことも、運ひらくことも、皆己からぢゃ。と申してあろう、誰でも、何でもよくなるのが神の道、人の道、神の御心ぢゃ。悪くなると云ふことないのぢゃ。迷いが迷い生むぞ。もともと病いも不運もない弥栄のみ、喜びのみぢゃ。神がよろこびぢゃから、その生んだもの皆よろこびであるぞ。この道理よくわきまへよ。

自分すてて他力なし。人間なくて此の世の仕事出来ん。人間は道具ぢゃ。神は心ぢゃ。元ぢゃ、元だけではならん。道具だけではならん。大神は一切を幸し、一切を救い給ふのであるぞ。一切が神であり一切が喜びであるぞ。

一切が自分であるぞ。

全体の爲奉仕するはよいが、自分すてて全体なく。自分ないぞ、全体を生かし、全体と共に部分の自分が弥栄えるのであるぞ、早合点禁物。

自分が自分生むのであるぞ。

公のことに働くことが己のため働くこと。大の動きなすために小の動きを爲し、小の動きなすために個の動きなすのであるぞ。神に神あり又神あると申してあるぞ。

肉体のみの自分もなければ霊だけの自分もない。

自分のみの自分はないぞ。縦には神とのつながり切れんぞ。限りなき霊とのつながり切れんぞ。故に、神は自分であるぞ。一切は自分であるぞ。一切がよろこびであるぞ、
霊界に於ける自分は、殊に先祖との交流、交渉深いぞ。よって、自分の肉体は自分のみのものではないぞ。

自分は自分一人ではなく、タテにもヨコにも無限につながっているのであるから、その調和をはからねばならん。それが人間の使命の最も大切なことであるぞ。

自分と自分と和合せよと申してあるが、肉体の自分と魂の自分との和合出来たら、もう一段奥の魂と和合せよ。

山も自分、川も自分、野も自分、海も自分ぞ。草木動物悉く自分ぞ、歓喜ぞ。その自分出来たら天を自分とせよ。天を自分にするにはムにすることぞ。0に化すことぞ。霊界と現界と組みて新しき限界とすることぢゃ。

そなたは、食物は自分でないと思うているが、食べるとすぐ自分となるではないか。空気も同様、水も同様ぞ、火も同様、大空もそなたぞ。山も川も野も、植物も動物も同様ぞ。人間は横の自分ぞ。神はタテの自分ぞ、自分を目極めねばならん。自分をおろそかにしてはならん。一切をうけ入れねばならんぞ。一切に向かって感謝しなければならんともうしてあろうが。

己を生かす爲めに他を殺すのもいかん。己殺して他をいかすのもいかん。大の虫を生かすため、小の虫を殺すことはやむを得んことぢゃと申したり、教へたりしているが、それもならん。総てを殺さずに皆が栄える道があるでないか。何故に神示を読まぬのぢゃ。

只心でいのるばかりでは、自分で自分をだますことになるのぢゃ。自分をいつわることとは神をいつわることとなるのぢゃ。マコトでいのれば何事もスラリスラリとかなふ結構な世ぞ。

何も六ケ敷いこと申すではない。自分の内の自分を洗濯して明かに磨けばよいのぢゃ。内にあるものを浄化すれば外から近づくものがかわって来る道理。内の自分を洗濯せずにいて、きたないものが近づくとか、世の中がくらいとか不平申して御座るなれど、そこにそなたの間違いがあるぞ。木でも草でも中から大きくなって行くのぢゃ。三千年に一度の時がめぐり来ているのであるぞ。爲せば成る時が来ているのぢゃ。爲さねば後悔ぞ。時すぎて種まいても。くたびれもうけ。悪い世の中、悪い人と申すことは、神を悪く申し、神界が悪いのぢゃと申すのと同じであるぞ。

昨日の自分であってはならん。今の自分ぞ。中今のわれに生きねばならん。

そなたはいつも自分の役に不足申すくせがあるぞ。そのくせ直して下されよ。長くかかってよいから、根の根からの改心結構ぞ、手は手の役、足は足、頭は頭の役、それぞれに結構ぞ。上下貴賤ないこと、そなたには判っている筈なのに、早う得心して下されよ。

そなたは自分の力を人に見せようとしているが、無邪気なものぢゃのう。自分の力がかくせぬようでは。頭に立つこと出来んぞ。何も彼も出して了ったのでは味がなくなるぞ。

自分の小さいこと知れる者は、神の国に近づいたのであるぞ。

自分の中にあるから外から近よって来るのぞ。厭なことが起って来るのは、厭なことが自分の中にあるのぞ。

自分よくして呉れと申しているが、それは神を小使に思うているのぞ。大きくなれよ。道は自分で開くのぞ、人頼りてはならんぞ道は自分で歩めよ、人がさして呉れるのではないぞ。

この神は日本人のみの神でないぞ、自分で心開いて居れば、どんな世になりても楽にゆける様に神がしてあるのに、人間と云ふものは慾が深いから、自分で心しめて、それでお蔭ないと申しているが困ったものぞ、早う気付かんと気の毒出来るぞ。

何もかもてんし様のものではないか、それなのに自分の家ぞ、これは自分の土地ぞと申して自分勝手にしているのが神の気にいらんぞ、一度は天地に引き上げと知らしてありたこと忘れてはならんぞ、一本の草でも神のものぞ。

口先ばかりで、その場限りでうまい事申して御座るが、それは悪の花、心と行が伴わんからぢゃ。己《おのれ》自身のいくさが終っていないからであるぞ。そなたのもつ悪いくせ直して下されよ、それが御神業ぢゃ、神々様も自分のくせを直すために御苦労なさっているのぞ。そのために生長する。昨日の自分であってはならんぞ。六十の手習でとまってはならん。死ぬまで、死んでも手習ぢゃ、お互におろがめよ、おがむと総てが自分となる、おがむところへ集って来て弥栄ぢゃ。

出し切って了ふと味がなくなるぞ、自分の力がかくせぬようでは大仕事は出来んぞ、取り越し苦労、過ぎ越し苦労はやめて下されて、地球と言ふ大船に乗って一連託生ぢゃ、現在が御神業と心得よ、不満をもってはならん、そなたが招いた仕事ではないか。この道理判らねば迷信の迷路に入るぞ。

守護神と申すのは心のそなた達のことであるが、段々変わるのであるぞ。

与えることは頂くことぢゃと申しても、度をすぎてはならん、過ぎると、過ぎるもの生れて、生んだそなたに迫って来るぞ。

人間には分別与へてあるから反省できるのであるぞ。反省あるから進展するのであるぞ。ほっておいても、いらんものは無くなり、いるものは栄へるのであるが、人間の努力によっては、よりよくなるのぢゃ。省みねば生れた時より悪くなると申してあろうが。欲浄化して喜びとせよ。喜び何からでも生れるぞ。

同じことくりかへしているように人間には、世界が見えるであろうなれど、一段づつ進んでいるのであるぞ。木でも草でも同様ぞ。前の春と今年の春とは、同じであって違って居ろうがな。行き詰りがありがたいのぢゃ。進んでいるからこそ、行きあたり行きづまるのぢゃ。省る時与えられるのぢゃ。さとりの時与えられるのぢゃ。ものは、はなすからこそ摑《つか》めるのぢゃ。

今度は親子でも夫婦でも同じ様に裁く訳には行かんのざ、子が天国で親が地獄と云ふ様にならん様にして呉れよ、一家揃ふて天国身魂となって呉れよ、国皆揃ふて神国となる様つとめて呉れよ。

九分行ったら一休みせよ。始めから終わりまで休まずに行くと、今の人間では息切れ致すぞ、一休みして自分の来た道をふり返れよ。この世の世話をさすために、人間には肉体を与えてあるのぞ。活神がしたのでは、こぼれるものが沢山に出て来るからぢゃ、立替、立直し一時に来ているから、われよしの人間には判らんことになるぞ、此の世の動きが判らんのはわれよしだからぞ、今度の岩戸びらきは五度の岩戸しめを一度にひらくのであるから、人間には中々に理解出来んことに、折り重なってくるから、何事も神の申す通りハイハイと素直にきくのが一等であるぞ。

マコトの者千人に一人ざぞ。

マコトから出たことは誰のねがひも同様。心配せずドシドシと進めて下されよ。若し行詰ったら省みよ。行詰った時は大きくひらける時ぢゃ。ぢゃと申して人ごころで急ぐではないぞ。急ぐと道が見えなくなってくるぞ。そなたの考へて御座ることは自己中心でないか。われよしの小さいわれよしではならん。大きなわれよし結構ぞ。

マコトの神の入れものになりて呉れよ、悪の楽しみは先に行くほど苦しくなる。神のやり方は先に行くほどだんだんよくなるから、初めは辛いなれど、さきを楽しみに辛棒して呉れよ。

世界の何処さがしても、今では九九《ここ》より外に、神のマコトの道知らす所ないのざぞ誠申すと耳に逆らうであろが、其の耳取り替へて了ふぞ、我れに判らんメグリあるぞ。今の人民はマコトが足らんから、マコト申しても耳に入らんなれど、今度は神が人民にうつりて、又人民となりてマコトの花を咲かす仕組、同じことを百年もつづけてクドウ申すなれど、判らんから申しているのであるぞ。

生神が表に出て働くのだから、神なき国は、いづれは往生ざぞ、この神の申すことよく肚に入れて、もうかなはんと申す所こらへて、またかなはんと申す所こらへていよいよどうにもならん所こらへて、頑張りて下されよ、神には何も彼もよくわかりて帳面に書きとめてあるから、何処までも、死んでも頑張りて下されよ、其処迄見届けねば、この方の役目果たせんのだ、可哀さうなれど神の臣民殿、こらえこらえてマコト何処迄も貫きて下されよ、マコトの生神がその時こそ表に出て、神の臣民に手柄たてさして、神からあつく御礼申してよき世に致すのであるぞ、腹帯しっかり締めてくれよ。重ねて神が臣民殿にたのむぞよ、守護神殿にたのむぞよ。

キが元と申してあるが、キが餓死《うえじに》すると肉体餓死するぞ、キ息吹けば肉息吹くぞ、神の子は神のキ頂いているのざから食ふ物無くなっても死にはせんぞ、キ大きく持てよと申してあるがキは幾らでも大きく結構に自由になる結構な神のキざぞ。人間利巧なくなれば神のキ入るぞ。神の息通ふぞ。根本のキのこと知らす此の方の神示ぢゃ。

人間は総てのもののキいただいて成長しているのであるぞ。キ頂けよ。キから力生まれるのであるぞ。

神前に向って大きくキを吸い肚に入れて下座に向って吐出せよ、八度繰返せよ。神のキ頂くのざぞ、キとミとのあいの霊気頂くのざぞ。

横には社会のキを、縦には神の気を、悪いキを吐き出せよ。よい気養って行けよ。見分ける鏡与へてあるでないか、道わからねば人にきくであろうが。判らんのに判った顔して歩き廻っていてはならん。人にたづねよ。これと信ずる人にたづねよ。天地にたづねよ。神示にたづねよ。

今度の仕組、まだまだナルのぢゃ、ナルとは成ることぞ。成るは表、主ぞ。先づ金が無ければと申しているが、その心まことないぞ。キがもととあれ程申しても未だ判らんのか。

天地には天地のキ、民族には民族のキあるぞ。そのキは時代によって変って来る。その時のキが、その時のまことの姿であるぞ。それに合はんものは亡んで了ふぞ。火の洗礼、水の洗礼、ぶったり、たたいたり、タテ、ヨコの洗礼なくては銘刀に出来ん道理ぢゃ

キが到ればモノが到る。モノを求める前にキを求めよ。めあてなしに歩いたとて、くたびれまうけばかり。人生のめあて、行く先の見当つけずに、その日暮しの、われよしの世となり下っているぞ。

キつけてくれよ、キがもとざぞ、キから生まれるのざぞ、心くばれと申してあろが、心のもとはキざぞ、総てのもとはキであるぞ、キはよろこびざぞ、人間みなにそれぞれのキうへつけてあるのざぞ、うれしキはうれしキことうむぞ、かなしキはかなしキことうむぞ、おそれはおそれうむぞ、喜べば喜ぶことあると申してあろがな、天災でも人災

でも、人間の心の中にうごくキのままになるのざぞ、この道理わかるであろがな。爆弾でもあたると思へばあたるのざぞ、おそれるとおそろしいことになるのざぞ、ものはキから生まれるのざ、キがもとぞ、くどくキづけておくぞ。

いつでも神かかれるように神かかっているように、神かかっていても、われにも他にも判らぬようになりて下されよ。鍬とる百姓が己わすれ、大地をわすれ、鍬をわすれている境地が、マコトのみたましづめであり、神かかりであるぞ。そこらでなさる行も、それに到る一つの道ではあるが、それのみではならんぞ。気つけ合ってよきに進んで下されよ。そなたが歩むのぢゃ。道は自分で歩まねばならんぞ。他人におんぶしたり、他人が歩かしてくれるのではないぞ。そなたの力で、そなた自身の苦労で人を助けねばならんぞ。人を助ければその人は神が助けるのであるぞ。この道理なぜに判らんのぢゃ。人を助けずに我を助けてくれと申しても、それは無理と申すもの。神にも道はまげられんぞ。

われが助かろと思ふたら助からぬのざぞ、その心われよしざぞ。身魂みがけた人から救ふてやるのざぞ、神うつるのざぞ。

運命は自由自在のものではあるが、また強いるものでもあるぞ、大きくも、小さくも、薄くも、厚くも、その人の心次第に変わるぞ。もとは霊界にあるからぞ。

宿命は宿されたもの。一つのワクに入っているのであるぞ。運命は自分で切りひらくこと出来るぞ。磨け磨け、ミタマ磨き結構。信念だけでは行詰るぞ。

嬉し嬉しで運命を迎へる気、結構ぞ。この世のことだけでこの世のこと動かんぞ。霊界との関係によって、この世が動いている道理判らねばならん。早う神の心に、神意されよ。遠慮いらん。何事も天から出て来るのぢゃ。天からとは心からのことぢゃ。

物質偏重の世はやがて去るべきにあるぞ、心得なされよ。

宿命と運命は同じではない、磨けばどんなにでも光るぞ。

よきことは人にゆづりて人をほめ人たてるこそ人の人なる。

敬愛のマコト心にマコトのりマコト行ふ人ぞ人なる。

これぞと思ふ人があったら、その道の人について御座れよ。一寸先見へん人間ぢゃ。先達の後からついて御座れ。それが一番よいことぢゃ。人、見出すこと六ケ敷いのう。十年、二十年行じても、目あて違っていたら何にもならんぞ。このほうの道へ御座れ。正しき光りの道によれよ。十日で、一月で見ちがへる程になるぞ。死んだ気で神示をそなたの身にうつせよ。涙流せよ、汗流せ、血流せよ。

その人その人によって、食物や食べ方少しづつ違ふ。身体に合わんもの食べても何もならん。かえって毒となるぞ。薬、毒となることあると気つけてあろうが。只歩きまわっているだけではならん。ちゃんとめあてつくって、よい道進んで下されよ。人に知れんやうに、人のため世のため働けよ。それがマコトの神の神民ぞ。おひとよしではならんぞ、それは善人ではないのだぞ。神の臣民ではないぞ。天の異変は人の異変。

悪いくせ直さねばいつ何時までたっても自分に迫ってくるもの変わらんぞ。無くて七癖、七七四十九癖、悪い癖直して下されよ。天国へ行く鍵ぞ。直せば直しただけ外へひびくものがかわって来るぞ。よくなってくるぞ。かわって来れば、外からくるもの、自分に来るもの、かわってくるぞ、よくなってくるぞ。幸となるぞ。よろこび満ち満つぞ。神みちみちて天国ぢゃ。一歩づつ進め。一歩づつ絶えず進めよ。それより外に道はないのぢゃ。

人間生れかわっても死にかわっても、中々悪いくせは直らんもんぢゃぞ。それを少しづつ直してかからねばならん、努力次第で漸次直るのぢゃぞ。

人間の喜び

何ごとが起ってもそなたは先づよろこべよ。それが苦しいことでも、かなしいことでも喜んで迎へよ喜ぶ心は喜び生むぞ。

人に知れんやうに、人のため働けよ、それがマコトの神の神人ぞ。

何ごとが起ってきてもそなたは先づよろこべよ。それが苦しいことでも、かなしいことでも喜んで迎へよ。喜ぶ心は喜び生むぞ。

よき世となったら、身体も大きくなるぞ。命も長くなるぞ。

正しき喜びを先づ見極めよ。見きわめてひたすらに進めばよいのぢゃ。六ケ敷い理屈申すでないぞ。

喜びの本体はあの世、現はれはこの世、あの世とこの世と合せて真実の世となるのぞ、あの世ばかりでも、片輪、この世ばかりでも片輪、マコト成就せんぞ、あの世とこの世と合せ鏡。神はこの世に足をつけ衣とし、人はあの世を神として、心として生命しているのぢゃ。神人と申してあろうがな。この道理よくわきまへよ。この世にあるものの生命はあの世のもの、あの世の生命の衣はこの世のもの。くどいようなれど、このこと肚の中に、得心なされよ。これが得心出来ねばどんなによいことをしても、まこと申してもなにもならん、ウタカタぢゃぞ。時節来たのぢゃから、今迄のように一方だけではならんぞよ。

何事もよろこびからぞ。結果から又よろこび生れるぞ。この道理わかれば何事もありやか。

人間よろこべば神よろこぶぞと申してあろうが、天地はれるぞ。輝くぞ。そなたは先ばかり見ているぞ。足で歩くのぢゃ。足もとに気つけねばならんぞよ。そなたは自分ひとりで勝手に苦しんで御座るなれど、みなが仲よう相談なされよ。相談結構ぢゃなぁ。相談して悪いことは気付合って進んで下されよ。

おそれてはならん。おそれ生むからぞ。喜べ、喜べばよろこび生むぞ。喜びは神ぢゃ。弥栄と云ふことは歩一歩づつ喜び増して行くことぞ。喜びの裏の苦に捉はれるから判らんことに苦しむのぢゃ。

喜びないもの亡びるぞ。

他の爲めに苦労することは喜びであるぞ。全体の爲に働くことは喜びぞ、光りの生命ぞ。

身も心も嬉し嬉しなるのがマコトの神ぢゃ。ものの嬉しさだけではゼロぢゃ。たまの嬉しさだけでもゼロぢゃ。よく心得なされよ。

今の法律此の方嫌いぢゃ、嫌ひのもの無くするぞ。凝り固まると害《そこな》ふぞ、此の道中行く道と申してあるが、あれなら日律久の民ぞと世間で云ふ様な行ひせねばならんぞ。神の国と申すものは光の世、よろこびの世であるぞ、虫けらまで、てんし様の御光に集まるよろこびの世であるぞ、見事此の方についてご座れ、手引ぱって峠越さしてやるぞ。

近づいてくるものは呼びよせたからぢゃ、こんないやな、きたないものは、ごめんぢゃと申す人民もあるなれど、それは皆己の心のうつしでないか、内に無いものが外から近よる道理ないのぢゃ、よく会得せよ。何事も一段づつ、一歩づつぢゃ、一足飛びは大怪我のもと。

時、時、と申してあるが、時間ではないぞ。神《かみ》、幽身《がみ》にも聞かせているのぞ。地上人には時間が考えられるなれど、神界には時間がなく、神も霊人も時間は知らないのであるぞ。只よろこびがあるのみぞ。神界で時間と申すものは、ものの連続と変化、状態の弥栄の事であるぞ。トキ待てよ。トキ違えるでないぞ。地上人の時間と区別して考えねばこのふでは解らんぞ。

モノ喜ばせばモノは自分の喜びとなり、自分となる。心の世界は無限に拡がり、成長するのであるぞ。神にとけ入って宇宙大に拡がるのであるぞ

人間の苦楽

苦しくなりたら何時でもござれ、その場で楽にしてやるぞ、神に従へば楽になって逆らへば苦しむのぞ。

道は自分で開くのぞ、人頼りてならんぞ。

そなたの苦労は取越苦労。心くばりは忘れてはならんなれど、取越し苦労、過ぎ越し苦労はいらん。そうした苦労は、そうした霊界をつくり出して、自分自身がいらぬ苦労をするぞ。何ごとも神にまかせよ。そなたはまだ神業の取違いして御座るぞ。そなたの現在与えられている仕事が神業であるぞ。その仕事をよりよく、より浄化するよう行じねばならんぞ。つとめた上にもつとめねばならん。それが御神業であるぞ。そなたはそなたの心と口と行が違ふから、違ふことが次から次へと折重なるのぢゃ。コト正して行かねばならんぞ。苦を楽として行かねばならん。苦と心するから苦しくなるのぢゃ。楽と心すれば楽と出てくるのぢゃ。ちょっとの心の向け方、霊線のつなぎ方ぞ。そなたは悪人は悪人ぢゃ。神として拝めとは無理ぢゃと申しているが、一枚の紙にも裏表あるぞ。そなたはいつも裏ばかり見ているから、そんなことになるのぢゃ。相手を神として拝めば神となるのぢゃ。この世は皆神の一面の現はれであるぞ。

そなたはまだ慾があるぞ、慾を、小さい自分ばかりの慾をすてなされ、そしてまことの大深慾になりなされよ。その気持さへ動いてくれば、何事も見事成就するぞ。

慾、浄化して喜びとせよ。喜び何からでも生れるぞ。広い世界に住めば広く、深い世界に住めば深く向上する。物の世界から霊の世界へ、無限の世界へ入るから無限の生命が与へられるのぢゃ。無限の喜び得ること出来るのぢゃ。無限世界とは物と霊との大調和した限りなき、光の世界ぞ。信仰に入ることが無限を得ること。まことの神をつかむことぞ。よいものつくるには大き手数かかるのぢゃ。ふところ手でいては出来ん。手出せ、足出せよ。

それはそなたの自己慾から出ているぞ。自己慾もなくてはならんが、段々浄化して行かねばならん。浄化して大き自己の慾とせよ。自分のみの慾となるから弥栄えんのぢゃ。弥栄えんもの神の御心に逆行。

慾が深いから先が見えんのぢゃ。

人間はどない申しても近慾だから先見えんから慾ばかり申しているが、神は持ち切れない程の物与へて居るではないか。幾ら貧乏だとて犬猫とは桁違ふがな。それで何不足申しているのか。

何事に向っても先づ感謝せよ。ありがたいと思へ。始はマネごとでもよいぞ。結構と思へ。幸と思へ。そこに神の力加はるぞ。道は感謝からぞ。不足申せば不足うつるぞ。心のままとくどう申してあろうが、病気でないと思へ。弥栄と思へ。病治るモト生れるぞ。キがもとぞ。何事くるとも何クソと思へ。神の力加はるぞ。おそれはおそれ生むぞともうしてあろうが。

もの与へること中々ぢゃ。心してよきに与へねばならんぞ。与へることは頂くことと知らしてあろうが、与へさせて頂く感謝の心がなくてはならん、強く押すと強く、弱く押すと弱くハネ返ってくるぞ。自分のものと言ふもの何一つもないぞ、この事判れば新しき一つの道がわかるぞ。

そなたはいつも深刻な顔をして考へ込んでいるが、考へ方にも幾通りも御座るぞ。考へは迷いと申してあるのは、そなたのような場合ぞ。そなたは苦に向ひ苦にかったつもりで、苦を楽しんで御座るが、苦は曲ることぞと知らしてあろうが苦をつくり出してはならんぞ。苦を楽しむより、楽をたのしむ心高いぞと知らしてあろう。苦しむと曲り、楽しむとのびるぞ。

人間の病

自分は先祖であるぞ。先祖おろそかにするでないぞ。先祖まつることは自分をまつることぞ。

先祖が大切《たいせつ》していたものは大切せねばならんぞ。現界のみの理屈は通らんぞ、飛んだ目に会ふぞ。気つけおくぞ。念じてから行へ。

未来にもえることが現在に生きることであるぞ、そなたは現在に生きる努力が足らん。夢ばかり追っていてはウタカタぢゃ。そなたは先祖に対する考へ方が間違っているぞ。先祖はそなたではないか。地下にあるそなたの根が先祖でないか。根のない草木はすぐ枯れる道理ぢゃ。先祖は家をついだ兄がまつっているから、分家した自分は先祖はまつらいでもよいのぢゃと申して御座るなれど。よく考へて下されよ。根から芽が出て幹となり枝が栄えているのと同様ぞ。枝には根はいらんと申すのと同じような間違いであるぞ。分家しても先祖まつらねばならん。先祖をおろそかにするでないと、気付けておるでないか。

先祖は肉体人を土台として修行するぞ。メグリだけの業をせねばならん。

この神示よく読みてさへ居れば病気もなくなるど、さう云へば今の人間、そんな馬鹿あるかと申すがよく察して見よ、必ず病も治るぞ。それは病人の心が奇麗になるからぞ、この神示よむことが洗濯や掃除の初めで終わりであるぞ。

われが助かろうと思ふたら助からないのだぞ、その心われよしだぞ、身魂みがけた人から救ふてやるのだぞ。

逃げ道つくってから追わねばならん。そなたは相手の逃げ道をふさいてギュギュウ追いつめるから逆うらみされるのぢゃ。逆うらみでも恨みは恨みの霊団をつくり出すぞ。間違いでも恨まれると、恨みがまといつくぞ。

逆怨みでも怨みは怨。理屈に会はんでも飛んだ目に会ふぞ。今迄の教では立ちて行かん。生れ替らねば人もいきては行かれん。

一升マスには一升入ると思っているなれど、一升入れるとこぼれるのであるぞ、腹一杯食べてはならん、死に行く道ぞ、二分を先づ神にささげよ、流行病は邪霊集団のしわざ、今にわからん病、世界中の病はげしくなるぞ。

大病にかかると借金してでも名医にかかるのに、霊的大病は知らん顔でよいのか。信仰を得て霊的に病気を治すのは、一瞬には治らんぞ。奇蹟的に治るとみるのは間違い。迷信ぞ。時間もいり手数もいる。物も金もいる。大き努力いるのであるぞ、取違い多いのう。

松食《お》せよ、松おせば判らん病治るのぢゃぞ、松心となれよ、何時も変らん松の翠《みどり》の松心松の御国の御人間《みたま》幸あれ。

我《が》の病になって来るぞ。その病は自分では判らんぞ。わけの判らん虫わくぞ。わけの判らん病はやるぞと申しておるがそのことぞ。肉体の病ばかりでないぞ。心の病はげしくなっているから気付けてくれよ。人々にもそのことを知らせて共に栄えてくれよ。この病を治すのは、今日までの教では治らん。病を殺して了ふて、病をなくしようとて病はなくならんぞ。病を浄化しなければならん。悪を殺すと云ふ教や、やり方ではならんぞ。悪を抱き参らせて下されよ。

足のうらきれいに掃除なされよ。外から見えん所けがれているぞ。足よごれていると病になるぞ、足からお土の息がはいるのざぞ、へその緒の様なものざぞよ。神の申すやうに素直に致されよこの方病治してやるぞ、この神示よめば病治る様になっているのざぞ、読んで神の申す通りに致して下されよ。

時節ほど結構なこわいものないぞ、時節来たぞ、あはてずに急いで下されよ。世界中うなるぞ。陸が海となることあるぞ。今に病神の仕組にかかりている臣民苦しむ時近づいたぞ、病はやるぞ、この病は見当とれん病ぞ、病になりていても、人も分らねばわれも分らん病ぞ、今に重くなりて来ると分りて来るが、その時では間に会はん、手おくれぞ。この神示よく腹に入れて病追い出せよ、早うせねばフニャフニャ腰になりて四ツん這いで這い廻らならんことになると申しておろうがな、神の入れものわやにしているぞ。

この神示心で読みて呉れよ、九《こ》エだして読みて呉れよ。病も治るぞ、草木もこの神示よみてやれば花咲くのざぞ。

病あるかないか。災難来るか来ないかは、手届くか届かないかで分ると申してあろうがな。手首の息と腹の息と首の息と頭の息と足の息と胸の息と臍の息と脊の息と手の息の八所十所の息合っていれば病無いのだぞ、災難見ないのだから、毎朝神拝みてから克く会はしてみよ、合っていたら其日には災難無いのだぞ、殊に臍の息一番大切ざぞ。若しも息合っていない時には一二三《ひふみ》唱へよ、唱へ唱へて息合ふ迄祈れよ、何んな難儀も災難も無くしてやるぞ。此の方オホカムツミ神であるぞ。神の息と合はされると災難、病無くなるのざぞ、大難小難にしてやるぞ、生命助けてやるぞ、此の事は此方信ずる人でないと誤るから知らすのでないぞ。此の事早う皆に知らしてどしどしと安心して働く様にしてやれよ。飛行機の災難も地震、罪穢の禍も大きい災難ある時には息乱れるのざぞ。一二三祝詞と神の息吹と息と一つになりておれば災難逃れるのぞ、信ずる者ばかりに知らしてやりて呉れよ。

みぐるしき霊《たま》にはみぐるしきもの写るぞ、それが病の元ぞ、みぐるしきタマあたるぞ、それで早う洗濯掃除と申してくどう気付けておいたのぞ。神のためしもあるなれど、所々にみせしめしてあるぞ、早う改心して暮れよ、それが天地への孝行であるぞ、てんし様への忠義であるぞ、ミタマシヅメには神示読みて聞かせよ、三回、五回、七回、三十回、五十回、七十回で始めはよいぞ、それで判らぬ様なれば出直しで御座る。

皆病気になりていること分らぬか。一二三のりとで治してやれよ。神示読みて治してやれよ。自分でも分らぬ病になっているぞ。早ふ治さぬとどうにもならんことになって来るぞ。

人間の反省

めぐりと申すのは自分のしたことが自分にめぐって来ることであるぞ。めぐりは自分でつくるのであるぞ、他を恨んではならん。

この世は幽界同様になっているぞ、早う気付いた人々から、救いの船を出して下されよ。これと信じたらまかせ切れよ。損もよいぞ、病気もよいぞ、怪我もよいぞ、それによってメグリ取っていただくのぞ、メグリなくなれば日本晴れぞ、今がその借銭（メグリ）済しぞ。

そなたのやることはいつも時が外れて御座るぞ。餅つくには時あるぞと知らしてあろうが、時の神を忘れてはならんぞ。春には春のこと、夏には夏のことぢゃ。

赤児になりて出直せよ、ハラで見、ハラできき、ハラで話せよ、ハラには間違いないのぢゃ。

与へられたもの、そのものを喜ぶようにすれば楽にゆけるよう、暮しむきもたのしたのしで暮らせるようになっているぞ。与へてあるもの殺すから自分も死の苦しみするのぢゃ。

そなたはものに不足するとこぼして御座るなれど、ものに不足するのは、心に足らぬ所があるからぞ。心いたればものいたるぞ。何ごとも神の申す通り素直になされよ。素直結構ぢゃなぁ。

そなたはわれが助かろうとするから助からんのぢゃ。世界はこの世ばかりではないことを、よく得心して下されよ。我をすてて素直になされよ。三千年の秋が来ているのであるぞ。

素直な人には神がかかり易いのであるから、早う素直に致して呉れよ。早う神の申す通り素直に云ふことときけと申しているのだぞ。米あると申して油断するでないぞ、タマあると申して油断するでないぞ。命あると申して油断するでないぞ。この神示読めば楽になって人民から光り出るのざぞ、早う洗濯してくれよ。

今度役目きまったら、末代続くのざぞ、神示に出た通りの規則となるぞ。善も末代ぞ、悪も末代ぞ。此の世は一であるぞ。われの身体われに自由にならぬ時来たぞ。神に縋《すが》るより仕方なくなって、すがったのでは、間に合はんぞ。今度はいろはの世に戻すぞ、素直にすればタマ入れかへて、よい方に廻はしてやるぞ。よろこびの身にいたしてやるぞ。

肚で見、肚できき、肚で話せ、肚には間違いないのぢゃ。肚が神であるぞ。一聞いて十さとらねばならんぞ。今の人間には何事も平面的に説かねば判らんし、平面的では立体のこと、次元の違ふことは判らんし、肚でさとりて下されよと申してあろう。

額に先づ気あつめて、肚でものごとを処理せねばならんぞ。

肚で悟りて下されよ、云ふだけで聞けば実地に出さんでもよいのぢゃ。この道理よく悟りて呉れよ。実地に出しては人間可哀さうなから、こらへこらへてくどう申している中に、早うさとりて下されよ。

そなたはよく肚をたてるが、肚がたつのは慢心からであるぞ。よく心得なされよ。下肚からこみあげてくる怒りは大きな怒りであるから、怒ってよいのであるなれど、怒りの現はし方を出来るだけ小さく、出来るだけ清く、出来るだけ短くして下されよ。怒りに清い怒りはないと、そなたは思案して御座るなれど、怒りにも清い怒り、澄んだ怒りあるぞ。

胸からの怒は怒るなよ。昔から無いことするのであるから、取違いもっともであるなれど、分かるミタマ授けあるぞ。

今迄のことちっとも交らん新しき世になるのであるから、守護神殿にも、判らんことするのであるから、世界の民みな一度に改心するやうに、どん詰りには致すのであるなれど、それ迄に一人でも多く、一時も早く、改心さしたいのぢゃ。
世界がそなたにうつっているのぞ。世界見て己の心早う改心致されよ。世はグルグルと七変わり、改心の爲世界の民皆、今度は引上げ一旦あるぞ、経のつながりを忘れ勝ちぢゃ。

戦や天災では改心出来ん。

いよいよになって助けてくれと走り込んでも、その時では遅いから、間に合はんから、早う神の心悟れと申してあるのだ。笑のない教にして下さるなよ。学問や智や金を頼っている内は、まだまだ改心出来ないぞ。今迄の宗教の力でも、法律でも、どうにもならん。掃除が目の前に来ているぞ。神の力を頼るより他に道はないこともまだ判らんか。まことに改心出来たと、神が見届けたら、今度はこの世はもとより、何の心配もないやうに守って、肉体、顔まで変へてやるぞ

たれ一人、悪いわがままの癖持たん人間ないぞ、その癖を直して行くのが、皮むくことぢゃ。改心ぢゃ。弥栄行くことぢゃ。

気づいたことから早う改めて下されよ。トコトン迄行って神がさすのでは人間の面目

ないから。人間同志でよく致して下されよ。只有難いだけではならん。仕事せねばならん。努力せねばならん。ぢっとしていては進めん道理ぢゃ。あかりつけなければ闇の夜は歩けんぞ。それぞれのあかりとなれよ。油は神示ぢゃ。油つきん、いくらでもあかりつけて下されよ。神心になれば、神ありやかに見えるぞ。

顔まで変っているのに未だ気づかんのか。病気に皆がなっているのにまだ気づかんのか何事も早い改心結構。

人間と云ふもは奇蹟見ても、病気になっても、中々改心出来んものぢゃ。死後の生活がハッキリ判っても。未だ改心出来んのぢゃ。それは外からのものであるからぢゃ。マコトの改心は、中の中の神のキいただいて、ほっこん改心出来ねばならん。

今では軽石のような人間ばかりで神かかれんぞ。早う神の申すこと、よくきいて生れ赤子の心になりて神の入れものになりて呉れよ。一人改心すれば千人助かるのぞ。今度は千人力与えるぞ。

この方化《ば》けに化けて残らずの身魂調べてあるから、身魂の改心なかなかにむつかしいから、今度と云ふ今度は、天の規則通り、びしびしとらちつけるぞ、御三体の大神様三日此の世をかまひなさらぬとこの世はクニャクニャとなるのざぞ、結構近づいて居るのざぞ。大層が近づいて居るのざぞ。この神示読みて神々様にも守護神殿にも聞かせて呉れよ。いよいよ天之日津久《アメノヒツグ》の神様おんかかりなされるぞ。

この方世界の神ぞと申してあろがな。裸になりた人から、その時から善の方にまわしてやると申しておるが、裸にならねば、なるやうにして見せるぞ。いよいよとなりたら苦しいから今の内だと申してあるのぞ。凡てをてんし様に献げよと申すこと、日本の人々ばかりでないぞ、世界中の人々みなてんし様に捧げなならんのだぞ。

神には何も彼も分りているのだと申してあろがな、早く兜脱いで神にまつはりて来いよ。改心すれば助けてやるぞ、鬼の目にも涙ぞまして神の目にはどんな涙もあるのざぞ、どんな悪人も助けてやるぞ、どんな善人も助けてやるぞ。

メクラの人間がいくら集って相談すればとて、すればする程ヤミとなるのぢゃ、行詰つてあげもおろしも出来んことになるのぢゃぞ、総てを数だけで、きめようとするから悪平等となるのぢゃ、メクラをいくら並べてみても何もならん、早う改心せよ。

神は一時は仏とも現はれたと申してありたが仏では、もう治まらん、岩戸が開けたのであるから、蓮華ではならん、人民も改心しなければ、地の下に沈むことになるぞ、神が沈めるのではない、人民が自分で沈むのであるぞ、人民の心によって明るい天国への道が暗く見へ、暗い地の中への道が明るく見えるのであるぞ、珍しきこと珍しき人が現はれてくるぞ、ビックリ、ひっくり返らんように気つけてくれよ。目の玉飛び出すぞ、たとへではないぞ。

平面のことのみ考へるから平面のキのみ入るぞ。平面の気のみでは邪であるぞ。動機善なれば失敗は薬。

正しくないものが正しい方に従はねばならんと人民申して御座るなれど、正とか不正とか申す平面的衣を早うぬいで下されよ。マコトを表として下されよ、マコトを衣にするには心がマコトとなりて、マコトの肉体とならねばならん。

平等とか公平とか申すのは悪魔のワナであるぞ、天地をよくみよ、人民の申す如き平等も公平もないであろうがな、一寸のびる草もあれば一尺のびる草もあるぞ、一寸の草は一寸が、一尺の草は一尺が頂天であるぞ、これが公平であり平等と申すもの。人民は選挙と申すマヤクに酔っているぞ、選挙すればする程、本質から遠ざかるぞ。他には方法がないと定めてかかるから、悪魔に魅入られているから判らんことになるぞ。世は立体であるのに平面選挙していては相成らんぞ。平面の数で定めてはならん、立体の数に入れよ。

善では立ちて行かん、悪でも行かん、善悪でも、悪善でも行かん。岩戸と申しても天の岩戸もあるぞ、今迄は平面の土俵の上での出来事であったが、今度は立体土俵の上ぢゃ、心をさっぱり洗濯して改心致せと申してあろう、悪い人のみ改心するのみでない、善い人も改心せねば立体には入れん、此度の岩戸は立体に入る門ぞ。

己の行出来て居らんと、人の悪口云はならんことになるぞ。己の心日々夜々改めねばならん、心とは身と心のことぞ。

神様も神様を拝み、神の道を聞くのであるぞ、親よりも師よりも神愛せよ。その親、師は神から更に愛されるぞ。

人間の言葉

人ほめるものと思へ、言霊幸《ことだまさき》はふぞ、それが人の言葉ぞ、わるき言葉は言ってはならんぞ、言葉はよき事のために神が与えているのだから忘れん様にな。

言《こと》（ことば）こそは誰もがもてるそのささげものであるぞ、与へても与へても無くならんマコトの宝であるぞ。


人ほめよ。人ほめることは己ほめることぞ。

不足は不足をうむぞ。そなたは口をつつしめよ。

言葉は神であるが人間でもあるぞ。

人ほめるものと思へ、それで言霊幸はふぞ、それが人間の言葉ぞ、わるき言葉は言ってはならんぞ。言葉はよき事のために神が与へているのだから忘れん様にな。

神は言波ぞ、言波《ことば》とはマコトぞ、いぶきぞ、道ぞ、マコトとはまつり合はした息吹ぞ、言葉で天地にごるぞ、言波で天地澄むぞ、戦なくなるぞ、神の国になるぞ、言波ほど結構な恐いものはないぞ。

ささげるもの、与へるものは、いくらでも無限にあるでないか、ささげよささげよ、与へよ与へよ、言《ことば》こそは誰もがもてるそのささげものであるぞ、与へても与へても無くならんマコトの宝であるぞ。

天人が人民に語る時は、人民の中に来て、その人民のもつ言葉で語り文字を使うのであるぞ、自分と自分と語る如くなるのであるぞ、天人同志の文字は数字が多いぞ。

天人の言葉はマコトであるから、只一言で万言を伝へ得るぞ。言葉の生命は愛であり、真であるから、真愛から発しない言葉はマコトの言葉でないぞ。子音と母音と組み組みて父《ふ》音の気を入れて始めて言葉となるのぢゃ、今の人民のは言葉でないぞ、日本の古(光)語がマコトの言葉ぞ、言霊ぞ、数霊と倶に弥栄ゆく仕組。

人民が正しく言葉すれば霊も同時に言霊するぞ、神も応へ給ふのであるぞ。始め言葉の元があるぞ、ムムムムウウウウヽヽヽヽアと現はれるぞ、神の現はれであるぞ、言葉は神をたたへるものぞ、マコトを伝へるものぞ。倶《とも》に鳴り、倶に栄えるものぞ。言葉は生れ出るものぢゃ。先づ言葉され、歌となり、文章となり、又絵画となり、彫刻となり、建築となり、又音楽となり、舞踊となり、あらゆる芸術の元となるのであるぞ。神に通ずればこそ、愛であり、真であり、善であり、美であり、喜びであるぞ、喜びなきものは芸術でないぞ、今の芸術は死の芸術、魔の芸術。

金持つと金の地獄、理屈もつと理屈の地獄に、神に捉はれると神の地獄に落ちて苦しむぞ。持たねばならんし、中々ぢゃなぁ。先づ祈れ、祈れ、祈れ、祈りせねばならん。先づ捨てて祈れ、祈り行ぜよ。

誰でも死んでから地獄へ行かん。地獄は無いのであるから行けん道理ぢゃなぁ。曲って世界を見るから、大取違ふから曲った世界つくり出して、自分で苦しむのぢゃ。

地獄無いと申してあろうがな。このこと間違はんやうに、地獄・地獄の言葉、やめて下されよ。言葉からモノ生むぞ。

幽界は人間の心の影が生み出したものともうしておろうがな。

心に凸凹あるから幽界のものに取りつかれて、つまらんことになるのぞ。つまらんことをひろめて亡びるぞ。

天から気が地に降って、ものが生命し、その地の生命の気が又天に反影するのであるが、まだまだ地には凸凹があるから、気が天にかへらずに横にそれることあるぞ。その横の気の世界を幽界と申すのぢゃ。幽界は地で曲げられた気のつくり出したところぢゃ。地獄でないぞ。

仙人は幽界に属しているのざと聞かしてあろうがな。

人間の男と女

慾が深いから先が見えんのぢゃ。

神界の乱れ、イロからぢゃと申してあろう男女関係が世の乱れの因であるぞ、お互いに魂のとりやりであるぞ、この世ばかりでなく、あの世まで続くのであるから、くどう気つけておくぞ。悪いことすれば悪いもの生れて来て生れ故郷に喰付いて悪くする。善いことも同様ぞ。

家の中が治まんのは女にメグリあるからぞこのことよく気付けておくぞ、女のメグリはコワイのざぞ、心にメグリ積むと動物のイレモノとなるぞ、神のイレモノ、動物に自由にされていて、それでマコトの神の臣民と申されるか。

家の治まらんのは女が出るからぞ、夫立てると果報は女に来るぞ。

愛は養はねばならん、夫婦はいのちがけで、お互いきづき合はねばならん。夫婦愛はあるのではない、築き上げねばならんぞ。生み出すのぢゃ。つくり出すのぢゃ。そこに尊さあるぞ。喜びあるぞ。

家の中治まらんのは女にメグリあるからぞ、このことよく気付けておくぞ、村も国々も同様ぞ。女のメグリはコワイのざぞ。

出足の港は夫婦の道からぢゃと申してあろう男女関係ぢゃと申してあろう。これが乱れると世が乱れるぞ。神界の乱れイロからぢゃと申してあろう。男女の道正されん限り、世界はちっともよくならんぞ。今の世のさま見て、早う改心、結構いたしてくれよ。和は力ぞ。

心で悟れよ。頭の生活行き詰るぞ。肚の生活弥栄えるぞ。天国の礎、出足の地場は夫婦からぢゃ。夫婦の道は神示の道ぢゃ。和ぢゃ。

妻にまかせきった夫、夫にまかせきった妻の姿となれよ。信仰の真の道ひらけるぞ。一皮むけるぞ。

人間の経済

金は使ふもの。使はれるものでないことよく判って居ろうが。御苦労のことやめなされよ。

金は掘り出せん。生み出してくれよ。

金好きなら金を拝んでもよいのぢゃ。区別と順序さへ心得て居れば何様を拝んでもよいのぞ。金を拝めば金が流れてくるぞ。金を拝み得ぬイコヂさがそなたを乏しくしたのぢゃ、赤貧は自慢にならん。無神論も自慢にならん。清貧はまけおしみ、清富になれよと申してあろうが。清富こそ弥栄の道、神の道、大日月地大神のマコトの大道ぞ。

金がよければ金拝め、人がよければ人拝めよ。神がよければ神拝め。

金欲しい者には金もうけさしてやれよ。慾しいもの与へてやれよ。人間心、神心、逆様ぢゃ。与へることは載くこと。まだ判らんのか。

神と金と二つに仕へることは出来ん。そのどちらかに仕へねばならんと、今迄は説かしていたのであるが、それは段階の低い信仰であるぞ。影しか判らんから、時節が来て居らんから、そう説かしていたのであるが、この度、時節到来したので、マコトの道理説いてきかすのぢゃ。神と金と共に仕へまつるとは、肉と霊と共に栄えて嬉し嬉しとなることぞ。嬉し嬉しとはそのことであるぞ。神と金と二つとも得ること嬉しいであろうがな。

智恵でも学問でも、今度は金積んでも何うにもならんことになるから、さうなりたら

神をたよるより外に手はなくなるから、さうなりてから助けて呉れと申しても間に合わんぞ、
肉体ちっとの間であるが、魂は限りなく栄へるのだぞ。金に難澁して負けぬ様にして下されよ。金馬鹿にしてはならんぞ。あせるでないぞ。あせると心配事出来るぞ。

人間の食

食物、食べ過ぎるから病になるのぢゃ。不運となるのぢゃ。

腹十分食べてはこぼれる、運はつまってひらけん。この判りきったこと、何故に判らんのぢゃ。

ツキモノがたらふく食べていることに気づかんのか。食物節すればツキモノ改心するぞ。先づ百日をめあてに、百日過ぎたら一年、三年つづけたら開運間違いなし。病もなくなってうれしうれしとなるぞ。

口から出るもの、入るもの気つけよ。いくさ起るのぢゃ。食べないで死ぬことないぞ。

食べるから死ぬのぢゃぞ。

一椀をとって先づ神に供へよ。親にささげよ。子にささげよ。腹八分の二分はささげよ。食物こそは神から、親から与へられたものであるぞ。神にささげずにむさぶるからメグリつむのぢゃ。メグリが不運となり、病となるのぢゃぞ。運ひらくのも食物つつしめばよい。

ささげるからこそ頂けるのぢゃ。頂けたらささげると今の人間申しているが、それがウラハラと申すもの。衣類も家も土地も、みな神から頂いたのでないぞ。あづけられているのであるぞ。人間に与へられているものは食物だけぢゃ。日のめぐみ、月のめぐみ、地のめぐみだけぢゃぞ。その食物節してこそ、ささげてこそ、運ひらけるのぢゃ。病治るのぢゃ。人間ひぼしにはならん。心配無用。食物、今の半分で足りると申してあろうが。遠くて近いものヒフミの食べ方して見なされよ。運ひらけ、病治ってうれしうれしと輝くぞ。そんなこと位で、病治ったり運ひらける位なら、人間はこんなに苦しまんと申すがそれが理屈と申すもの。理屈悪と申してあるもの。低い学に囚われたメクラ、ツンボと申すものぞ。

食物は科学的栄養のみに囚われてはならん霊の栄養大切。

土のまんぢうと申してあろう、土が食べられると申してあろう、土から人民を生んだと申してあろう、ウシトラコンジンの肉体は日本の土だと知らしてあろう。土に生きよと申してあろう、地は血であるぞ、素盞鳴命様であるぞ、その土が成長して果ての果てに皮をぬぐ、それが地変であるぞ。

牛の喰べ物たべると牛の様になるぞ、人間の喰べ物は定まっているのだぞ、獣と神とが分かれると申してあろうがな、縁ある人々に知らせておけよ。日本中に知らしておけよ、世界の人々に知らせてやれよ、獣の喰い物くふ時には一度神に献げてからにせよ、神から頂けよ、さうすれば神の喰べ物となって、何たべても大じょうぶになるのぞ、何もかも神に献げてからと申してあることの道理よく分かりたであろがな、神に献げきらぬと獣になるのぞ、神がするのではないぞ、自分がなるのぞと申してあることも、よく分ったであろがな、くどう申すぞ。八から九から十から百から千から万から何が出るか分らんから神に献げな生きて行けん様になるのだが、悪魔にみいられている人間いよいよ気の毒出来るのざぞ。

一二三《ひふみ》の食物に病無いと申してあろがな、一二三の食べ方は一二三唱《とな》へながら噛むのざぞ、四十七回噛んでから呑むのざぞ、これが一二三の食べ方頂き方ざぞ。神に供へてから此の一二三の食べ方すれば何んな病でも治るのざぞ、皆の者に広く知らしてやれよ。心の病は一二三唱へる事に依りて治り、肉体の病は四十七回噛む事に依りて治るのざぞ、心も身も分け隔て無いのであるが会得る様に申して聞かしているのざぞ、取り違い致すのでないぞ。

四ツ足を食ってはならん、共喰となるぞ、草木から動物生れると申してあろう。神民の食物は五穀野菜の類であるぞ。

食物は科学的栄養のみに囚われてはならん。霊の栄養大切。

第四章　祈り

祈りの深相

ざんげせよと申しても、人の前にざんげしてはならんぞ。人の前で出来るざんげは割引したざんげ。割引したざんげは神をだまし、己をだますこととなるぞ。悔ひ改めて下され。深く省みて下され。深く恥ぢおそれよ。心して慎しんで下されよ。直ちによき神界との霊線がつながるぞ。霊線つながればその日その時からよくなってくるぞ。気持のままに霊界の霊線が切り替えられる。

人間の念力だけでは何程のことも出来はせんぞ。その念力に感応する神の力があるから人間に判らん、びっくりが出てくるのざぞ。

祈りの目標

何神様とハッキリ目標つけて拝めよ。只ぼんやり神様と云っただけではならん。信じ切るからこそ飛躍するのぢゃぞ。不信に進歩弥栄ないぞ、まかせ切るからこそ神となるのぢゃ。神に通づるのぢゃ。真剣なければ百年たっても同じ所ウヨウヨぢゃ。一歩も進まん。進まんことはおくれていることぞ。真剣なれば失敗してもよいと申してあろうが。省ることによって更に数倍することが得られるのであるぞ。いい加減が一旦成功しても、土台ないからウタカタぢゃ。下座の行、大切。

大神は一柱であるが、あらわれの神は無限であるぞ。根本の、太日月地大神さまと念じ、その時その所に応じて、特に何々様とお願い申せよ。信じ合ふものあれば、病気も又たのし、貧苦も亦たのしのであるぞ、例外と申すのは、ないのであるぞ。他の世界、他の天体、他の小宇宙からの影響によって起る事象が例外と見えるのぢゃ。心大きく、目ひらけよ。

目的よくても実行の時に悪い念入ると悪魔に魅入られるぞ。心せよ。

八合目あたりに参ると総ての様子が、ほぼ見当つくぞ。それ迄は誰でもよくわからんもんぢゃ。これと云ふ先達があったら、先達の云うこと、云ふ通りについて行けよ。おかしい先達は始めからおかしいぞ。苦労し手をかけ、金かけるほどよいもの出来るぞ。信念越えて自分より上のものにまかせきったのが信仰であるぞ、信念だけでは何事も出来ん。

祈りの実践

そなたは何時もあれもよいらしい、これもよいようだと迷って、迷ひの世界をうみ出し、自分で自分を苦しめて、気の毒よなあ。これと一応信じたらまかせきれよ。梶をはなして鳴門の渦の中にまかせきれよ。まかせきるとひらけてくるのぢゃ。悟れたようでいて、そなたが悟り切れんのはまかせきらんからぞ。

判るところから、気長に神求めよ。総ては神から流れ出ているのであるから、神にお願いして実行しなければならん、この判り切った道理、おろそかにして御座るぞ。そこに天狗出ているのぞ。

真剣で求めると真剣さずかるぞ。求めることは祈ること。よく祈るものはよく与へられる。日々の祈りは行であるぞ。百年祈りつづけても祈りだけでは何もならん。それは祈り地獄ぢゃ。祈り地獄多いのう。肉体人は肉体の行せねばならん。日々の祈り結構いたしてくれよ。次の祈りは省みることぞ。いくら祈り行じても自分省みねば、千年行じても何もならん道理ぢゃ。同じ山に登ったり降ったり、御苦労のこと、馬鹿の散歩と申すもの。悔いあらためよと申してあろう。省みて行ずるその祈り弥栄えるぞ。平面の上でいくら働いても、もがいても平面行為で有限ぞ。立体に入らねばならん。無限に生命せねばならんぞ。

その人によってふさわしい行がある。誰でも同じでない。一合食べる人もあれば、一升食べる人もあるぞ。身につかんもの身につかん行は、いくらしても何もならん、いらん苦労はいらんと申してあろう。風呂には時々入るか、魂の風呂に行く人少ないぞ。より高い聖所へ参りて魂のアカ落せよ。神示よんで落して下されよ。アカ落さずに神の光見えんと申して、おかげないと、われよし申して御座るなれど、風呂に入らずに、アカつくとは怪しからんと申すのと同じでないか。何故に判らんのぢゃ。

己の行出来て居らんと、人の悪口云はななならんことになるぞ。己の心日々夜々改めねばならん。

何事も行であるから喜んで行してくだされよ。滝に打たれ、そば粉喰うて行者は行しているが、断食する行者もいるが、今度の行は世界の臣民みな二度とない行であるから、厳しいのぞ。この行出来る人と、よう我慢出来ない人とあるぞ、この行出来ねば灰にするより外ないのぞ、今度の御用に使ふ臣民はげしき行さして神うつるのぞ。今では神の力は何も出ては居らぬのぞ。この世のことは神と臣民と一つになりてできると申してあろがな、早う身魂みがいて下されよ。神かかれる肉体沢山要るのぞ。今度の行は心を綺麗にする行ぞ、掃除出来た臣民から、よき御用に使って、神から御礼申して、末代名の残る手柄立てさすぞ。神の臣民掃除洗濯出来たらこの戦は勝つのぞ、灰になる身魂は灰ぞ、どこにいても助ける臣民行って助けるぞ、神が助けるのでないぞ、神助かるのぞ、臣民も神も一緒に助かるのぞ。この道理よく腹に入れて呉れよ、この道理分りたら神の仕組はだんだん分りて来て、何といふ有り難い事かと心がいつも春になるぞ。

此の神示声立てて読みて下されと申してあろがな。人間ばかりに聞かすのでないぞ。守護神殿、神々様にも聞かすのぞ、声出して読みてさへおればよくなるのざぞよ。じゃと申して、仕事休むでないぞ。仕事は行であるから務め努めた上にも精出して呉れよ。それがマコトの行であるぞ。滝に打たれ継食する様な行は幽界の行ぞ。神の国のお土踏み、神国の光いきして、神国から生れる食物頂きて、神国のおん仕事している人間には行は要らぬのざぞ、此の事よく心得よ。

物、自分のものと思ふは天の賊ぞ、皆てんし様の物ざぞ、クドウ申してあるのにまだ判らんか、行出来て、口静かにして貰ふと、何事もスラリとゆくぞ、行が出来ておらんと何かの事が遅れるだけ苦しむのざぞ。神の国の半分の所にはイヤな事あるぞ、洗濯出来た臣民に元の神がうつりて、サア今ぢゃと云ふとこに、なりたら、臣民の知らん働きさして悪では出来ん手柄さして、なした結構な事かとビックリ箱あくのざぞ。天と地との親の大神様のミコトでする事ぞ、この世三角にしようと四角にしようと元のこの方等の心のままぞ。よく裏の裏まで読んで肚に入れて、何一つ分らん事のない様にして呉れよ、今に恥かしい事になるぞ、人は沢山なくてもこの仕組み成就するのざと申してあろうが。

目から泥を洗ひ、洗ひ去ると見へてくるぞ、右の目ばかりではならん、左の目の泥も落せよ。泥のついていない人民一人もないぞ、泥落すには水がよいぞ。世の元からの真清水で洗ひ落して下されよ、世の元の元の真清水結構。

祈りの調和

念が新しき武器であるぞ。念とは力であるぞ。実在であるぞ、喜びであるぞ。喜びは神ぞ弥栄。

思ひは能き、実在と申してあろうが。

念じつつやれ。神の為と念じつつやれば神のためとなる。小さい行為でも霊的には大きはたらきするのぎゃ。自分と云ふことが強くなるから発展ないのぎゃ。行き止まるのぎゃ。われよしとなるのぎゃ。調和が神の現れであるぞ、霊と調和せよ。肉体と調和せよ。人と調和せよ。食物、住居と調和せよ。世界と調和せよ、うれしうれしぞ。一生かかってもよいぞ。おそくないのぎゃ。自分の中のケダモノのため直しにかからねばならん。悪いくせ直さねばならん。これが第一歩、土台ぢゃぞよ。

念と申すのは神界からの直々であるぞ。悪の気、断たねば念とはならんぞ。

念入れかへるぞ。念入れかへるとは、新しき霊界つくることぞ。新しき霊界つくるとは、太神の直中にとけ入ることぞ。

念からつくり出せよ。その念のもとをつくれば、神から力を与へるから、この世の力と現はれるぞ。

念は語ることによって現はれるのぎゃ。このことよく判りて下されよ。肚の中のゴモクすてるとよくわかる。

人間の念力だけでは何程のことも出来はせんぞ、その念力に感応する神の力《ちから》があるから人間に判らん、びっくりが出て来るのざぞ。

日の本が変って世界となったのぢゃ。自分の為ばかりの祈りには、自分だけの神しか出て来ない。悪の祈りには悪の神、善の祈りには善の神。始めの間は中々判らんものぢゃ。神様のなされるマネから始めて下されよ。

よい祈りにはよい感応、よい感応によい働き、よい信仰となり、よい生活生れる、間違った祈りには間違った神、間違った生活生れるぞ。道理ぢゃナア。窮窟であってはならん。しかつめらしく固くなっていてはならんぞ。笑ひの道、喜びの道にこそ神のハタラキあるのぢゃ。

始めは形あるものを対象として拝めよ。形を通じて大神様を拝めよ。これが近道ぞ。タテのつながりを見ないからであるぞ。自分と云ふもの無くなるのでないぞ。霊界と霊と、現界と現身とのこと説いてあろうが神示よめよめ。大柱生への道、弥栄に体得出来るのであるぞ。

神について行くことが祈りであるぞ。そこによろこびあるぞ。

礼拝を忘れ、祈りをわすれることは神をわすれることぢゃ。

御神前で拝むばかりでは狭いぞ。野菜拝めば野菜が、魚拝めば魚が己となるのぢゃ。拝むこととは和すこと。和すことが友つくる秘訣ぞ。友を己とすることは、己を友とすることぢゃ。友にささげることぢゃ。親は子にささげるからこそ、子が親となるのぢゃ。判りたか。赤ん坊のお尻をふいてやることもあるであろうがな。そなたが赤ん坊と同じであったら出来ない芸当ぞ。お尻を出すものがあっても、決して怒ってはならん。子のお尻と思ってきれいにふいてやれよと申してあろうが。お尻を持込まれるのは、持込まれるだけのわけがあるからぞ。利子は後から支払えばよいと、そなたは思っているが、先に支払ふこともあるのであるぞ。先にお尻をふかねばならんことも、世が迫ってくると出てくるのぢゃ。その代り、後では神がそなたのお尻をきれいにふいて下さるぞ。ぶつぶつ申さず勇んでやって下されよ。

そなたはよく祈る。祈るばかりでものごと成就せんぞ。為すには先づ祈らねばならんが、そなたはそなたの神にのみ祈っているぞ。為すのは己であるから、己が為さねばならんぞ。乳房与えられても自分で吸はねば自分の身にはつかぬ道理ぢゃ。だが、為したのみでは未だ足らんぞ。時々は省みなければならんぞ。そなたは形や口先ばかりでものを拝んでいるが、心と行と口と三つそろはねばならん。三つ揃ふて拝むならば、どんなものでも与へられるのぢゃ。拝む所へものは集ってくる。神も集ってくる。足《タ》らぬものなくなるぞ。余ることなくなって、満たされるのがまことの富ぢゃ。清富ぢゃ。

善の祈りには善、悪の祈りには悪、祈りの通りに何も彼も出て来ること、まだ判らんか。

礼拝を忘れ、祈りを忘れることは、神を忘れること、神から遠ざかること、それではならんのう。安全な道、通れ。安全な教の所へ集れよ。

始めは自分本位の祈りでもよいと申してあるなれど何時迄も自分本位ではならん。止まると悪となるぞ。神の道は弥栄ぞ。動き能いて行かなならん。

神様にはお燈明ばかり備へてはまだ足らぬのぞ、お燈明と共に水捧げなならんのざぞ、火と水ぞと申してあろ、神示よく裏の裏まで読みて下されよ、守護神殿祭りて呉れよ。まつはらねば力現はれぬぞ、守護神殿は拍手四つ打ちておらがめよ、元の生神様には水がどうしてもいるのざぞ、火ばかりでは力出ぬのざぞ、わかりたか。

富士、火吐かぬ様おろがみて呉れよ、大難小難にまつりかへる様おろがみて呉れよ。食物頂く時はよくよく嚙めと申してあろうが、上の歯は火ぞ、下の歯は水ざぞ、火と水と合すのざぞ。かむろぎかむろみぞ、嚙むと力生れるぞ。血となるぞ、肉となるぞ。父のみ拝《おろが》みたたへただけでは足りない、母に抱かれねば、母の乳をいただかねば正しく生長出来ないのであるぞ。一神として拝んでも足りぬ、二（柱）でも一方的、十万柱としても一方的ぞ、マイナスの神を拝《おろが》まねばならん、マイナスの神とは母のことぢゃ、天にましますす父のみでは足りないぞ。天にあれば必ず地にもあるぞ、一即多即汎《はん》、地即天、天即地から表即裏である、マコトを行じて下されよ。

第五章　天災

天災と警告

天災待つは悪の心、邪と知らしてあるがまだ判らんのか。

旧九月八日の九の仕組近付いたぞ。

人間に判らんめづらしき事を出すぞ。皆この神の仕組であるから、変りたこと、判らん事が愈々となったら、神代近づいたのであるぞ。

天地ひつくり返ると云ふことはミタマがひつくり返ると云ふことぞ、信仰の人、無信仰の人と、愈々立分けの時ぢゃぞ。

空に変りたこと現はれたなれば地に変りたことあると心得よ。いよいよとなりて来ているのざぞ、天のいへん気つけて居れよ。神世近づいたぞ。

海のつなみ気をつけて呉れ。

石流れて、木の葉沈むと申してあろうが、今がその世ざぞ。

天の異変気付と申してあろが、冬の次が春とは限らんと申してあろが、夏雪降ることもあるのざぞ。神が降らすのでないぞ、人間降らすのざぞ。人間の邪気が凝りて、天にも地にも、わけの判らん虫わくぞ。訳の判らん病ひどくなって来るのざから、書かしてある御神名分けて取らせよ。

旧九月八日までに何もかも始末しておけよ、心引かれる事残しておくと、結らん事で結らん事になるぞ。もう待たれんことにギリギリになっている事判るであろがな。

天災や地変は大き肉体の応急処置の現れであるぞ。部分的に、人間苦しめる様に思ふてはならん。一日一度は便所へ行かなならんであろうがな。人間この世の五十年をもととして考へるから判らなくなるのざ。永遠弥栄の生命早う体得結構。

世界中を泥《どろ》の海にせねばならんところまで、それより他に道のない所まで押しせまって来たのであるが、尚一厘のてだてあるのぢゃ。大神様におわび申してすっかり心を改めて下されよ。神々さまも人間様も心得ちがひ多いぞ。泥の海となる直前にグレンとひつくりかえし、ひつくりの道あるぞ。

富士は何時爆発するのざ、何処へ逃げたら助かるのぞと云ふ心我れよしぞ。何処に居ても救ふ者は救ふと申してあろが、悪るき待つキは悪魔のキざぞ。この先どうしたらよいかと云ふ事は、世界中金《かね》の草鞋《わらじ》で捜《さが》しても、ここ、より他分《ワ》からんのざから、改心して訪《たづ》ねて御座れ、手取りてよき方に廻してやるぞ。

一日十万、人死にだしたら神の世がいよいよ近づいたのざから、よく世界のことを見て皆に知らして呉れよ。

天災と浄化

内にあるもの変へれば外からうつるもの、響いて来るもの変って来るぞ。内が外へ、外が内へ響くのぢゃ。

頭さげて低うなって見なされよ、必ず高い所から流れてくるぞ。高くとまっているから流れて来んのぢゃ。神のめぐみは水のように淡々として低くきに流れて来るぞ、自分が自分にだまされんように心して下されよ、善悪をきめて苦しんで御座るぞ。

　天人天使の行為が人民にうつるのであるなれど、人民の自由、能力の範囲に於ける行為は又逆に、天界に反影するのであるぞ、日本と中国と土地が違ふように、日本人と中国人とは違ふ、天界のうつり方も違ふのであるぞ。同じ日本人でも時と所によって違ふ。肌のこまかい絹と荒壁にうつる映画は同じでも少しづつ違ふようなもの、違ってうつるのがマコトであるぞ、同じ数でも１２３と一二三は違ふのであるぞ、判りて下されよ。新しき世界に進む大切ことぢゃ。

　今に大き呼吸《いき》も出来んことになると知らせてあろうが、その時来たぞ、岩戸がひらけると言ふことは半分のところは天界となることぢゃ、天界の半分は地となることぢゃ、今の肉、今の想念、今の宗教、今の科学のままでは岩戸はひらけんぞ、今の肉体のままでは、人民生きては行けんぞ、一度は仮死の状態にして魂も肉体も、半分のところは入れかえて、ミロクの世の人民としてよみがへらす仕組心得なされよ、神様でさへ、この事判らん御方あるぞ、大地も転位、天も転位するぞ。

　マコトでもって洗濯すれば霊化される、半霊半物質の世界に移行するのであるから、半霊半物の肉体とならねばならん、今のやり方ではどうにもならなくなるぞ、今の世は灰にするより他に方法のない所が沢山あるぞ、灰になる肉体であってはならん、原爆も水爆もビクともしない肉体となれるのであるぞ、今の物質でつくった何物にも影響されない新しき生命が生れつつあるのぞ。岩戸ひらきとはこのことであるぞ、少し位は人民つらいであろうなれど勇んでやりて下されよ、大弥栄の仕組。

天災は人災

宵（よい）の明星が東へ廻っていたら、愈々《イヨ》ざぞ、天の異変気づけと、くどう申してあろがな。冬の次が春とは限らんと申してあろが、夏雪降ることもあるのざぞ。神が降らすのでないぞ、人間降らすのざぞ、人間の邪気が凝りて天にも地にもわけの判らん虫わくぞ、わけの判らん病ひどくなって来るのざから、人間目明けて居れん事になるぞ、さあ今の内に神徳積んでおかんと八分通りは獣の人間となるのざから、二股膏薬《フタマタコウヤク》ではキリキリ舞するぞ。キリキリ二股多いぞ。獣となれば、はらから喰ふ事あるぞ。気付けておくぞ。何もかも神示読めば判る様になっている事忘れるでないぞ。この仕組云ふてならず、言はねば判らんであろうなれど、神示読めば因縁だけに判るのざぞ。

第六章　愛

愛は大愛

神は生命ぞ。秩序ぞ。秩序は法則ぞ。為せよ行ぜよ。その後で考へよ。考へたらよいのぢや。始めから考へると迷ふぞ。考は悪ざと申してあろうがな。

今のやり方、考へ方が間違ってゐるからぞ。洗濯せよ掃除せよと申すのはこれまでのやり方考へ方をスクリと改める事ぞ。一度マカリタ（死ぬ）と思へ。掃除して何もかも綺麗にすれば神の光スクリと光り輝くぞ。ゴモク捨てよと申してあろがな。人の心ほど怖いもののないのざぞ。

そなたはいつも深刻な顔をして考へ込んでゐるが、考へ方にも幾通りも御座るぞ、考へは迷ひと申してあるのは、そなたのような場合ぞ。そなたは苦に向ひ苦にかつたつもりで、苦を楽しんで御座るが、苦は曲ることぞと知らしてあろうが。苦をつくり出してはならんぞ。苦を楽しむより、楽をたのしむ心高いぞと知らしてあろう。苦しむと曲り、楽しむとのびるぞ。

愛の融和

和のないところ天国ないぞ。こんな判りきったこと、何故にわからんのぢゃ。気の合う者のみの和は和ではない。色とりどりの組合せ、ねり合わせこそ花さくぞ。和合せんとマコトのおかげやらんぞ、一家揃ふたらどんなおかげでもやるぞ。宇宙のすべてがつながりであるぞ。石でも水でも草でも木でも動物でもすべてがつながりぢゃ。手と頭のようなもんぢゃ。拝み合へよ。親しみ合へよ。和せよ。和すと自分となるのぢゃぞ。自分大きく、明るくなるのぢゃ。豊かに、うれしうれしぢゃ。赤いものの中にゐると赤くなって行く。神に向かってゐると、いつの間にか神の気いただくぞ、神の光がいただけるのぢゃ。二度三度、話きいたり、おがんだくらいで神は判らん、体験せねばならん。一方的では何事も成就せん。もちつもたれつであると申してあろう。

和が根本、和がよろこびぞ。和すには神を通じて和すのであるぞ。神を通さずに、神をなくして通づるのが悪和合。神から分れたのであるから神に帰って、神の心に戻って和さねばならん道理。神なくして和ないぞ。世界平和と申してゐるが、神に帰って、神に通じねば和平なく、よろこびないぞ。

はじめの喜びは食物ぞ。次は異性ぞ。何れも大きな驚きであろうがな。これは和すことによって起るのぞ。とけ合ふことによって喜びとなるのぢゃ。よろこびは神ぢゃ。和さねば苦となるぞ。かなしみとなるぞ。先づ自分と自分と和合せよと申してあろうが。そこにこそ神の御はたらきあるのぢゃ。元の喜びは霊の食物を食ふことぞ。その大きな喜びを与へてあるのに、何故手を出さんのぢゃ。その喜び、おどろきを何故に求めんのぢゃ。何故に神示を食べないのか。見るばかりではミにつかんぞ。よく噛みしめて味はひて喜びとせんのぢゃ。喜びが神であるぞ。

同じもの同志では和ではない。違ったものが和すことによって新しきもの生むのであるぞ。清めるとは和すことであるぞ。

天使は天と地の和合者、仁人は地と天の和合者。

天界に住む者は一人一人は力弱いが和すから無敵ぞ。幽界に住む者は一人一人は力強いが孤立するから弱いのぞ。仲よう和してやれと申す道理判りたか。

プラストマイナスと和合せねばならん。只の和合ではムになって力出んぞ。今迄の和合のやり方ではならん。喜びの和合。融け合ふ和合、神ある和合でないと、少しでも曇りありありたら和合でないぞ。こらへこらへてゐるのでは和合でないぞ。今迄の和合の仕方ではカスあるであろうがな。悪の和合であるぞ。

何事も持ちつ持たれつであるぞ。神ばかりではならず、人ばかりでもならずと申してあろうが、善一筋の世と申しても今の人間の云っている様な善ばかりの世ではないぞ。悪でない悪とあなないてゐるのざぞ。此のお道は、あなないの道ぞ、上ばかりよい道でも、下ばかりよい道でもないのざぞ。まつりとはまつはる事で、まつり合はす事ざぞ。まつり合はすとは草は草として、木は木として、それぞれのまつり合はせぞ。草も木も同じまつり合せではないのざぞ。

家内和合出来ん様では、この道の取次とは申されんぞ、和が元ざと申してあろうが和合出来ぬのはトラとシシぞ、どちらにもメグリあるからざぞ。

不和の家、不和《ふわ》の国のささげもの神は要らんぞ。喜びの捧げもの米一粒でもよいぞ。神はうれしいぞ。

和すには5と5でなくてはならんが、陽が中、陰が外であるぞ、天が主で地が従ぞ、男が上、女が下、これが正しき和ぞ、さかさまならん、これが公平と申すものぢゃ、陰と陰と、陽と陽と和しても陰ぢゃ、陽と陰と和して始めて新しき陽が生まれる、陽が本質的なもの、この和し方がはらひきよめ。

愛の概念

愛にも内のものと外のものとがある。愛と申せば何でもよいと思ふていてはならん。愛の悪もあるぞ。

他を愛するは真愛ぞ。己のみ愛するのは自己愛ぞ。自己愛を排してはならん自己愛をひろげて、大きくして真愛と合致させねばならん。そこに新しき道ひらけるのであるぞ。自己愛を悪魔ととくは悪魔ぞ。無き悪魔つくり、生み出すでないぞ。一段昇らねば判らん。

愛は神から出てゐるのであるから。神に祈らずに自分でするから、本を絶つから、われよしに、自分愛になるのぞ。自分拝むのは肉愛でないぞ。

愛からはなれた信仰はないぞ。善からはなれた真理はないぞ。タネなくして芽は出ん道理。

血は愛によって生き、愛はヨロコビによって生きるのぢゃ。ヨロコビなき所に愛はないのざぞ。神ないところ生命栄えんぞ。

偽《にせ》の愛、偽の智と申すのは、神を信じない人民の愛と智であることを知れよ、この人民だちは神の声を聞いても聞こへず、神の現はれを見ても見へないのであるぞ。目をとぢ耳にふたしてゐるからぞ、今の人民よ学者よ金持よ、早う考へ方を変へねば間に会わん、心の窓早うひらけよ。

希望は愛の現はれの一つ。どんな時、どんな人にも与へられているのぢゃ、希望にもえつつ、現在を足場として生きよ。呼吸せよ。同じことしていても、希望もつ人は栄え、希望なき人は亡びる。希望は神ぞ。

第七章　予言

予言と神言

あちこちに、人間の肉体かりて予言する神が沢山出ているなれど、九分九厘は分りて居れども、とどめの最後は分らんから、この方に従いて御用せよと申してゐるのぞ、砂糖にたかる蟻となるなよ。

予言と天変地変

寒い所暖く、暑い所涼しくなるぞ。

心せよ。雨、風、岩、いよいよ荒れの時節ぢや。世界に何とも云はれんことが、病も判らん病がはげしくなるぞ。食ふべきものでない、悪食うて生きねばならん時来るぞ。悪を消化する胃袋、早うせねば間に合はん。

鏡を掃除して呉れよ。今にこのおつげが一二三ばかりになるから、それまでに身魂をみがいて置かんと、身魂の曇った人には何ともよめんから、早く神こころに返りて居りて呉れ、何も一度に出て来る。海が陸になり陸が海になる。

早く知らさねば日本がつぶれる様なことになるから、早う祈りて神の申す様にして呉れよ。神急けるよ。人間みなやり直さねばならぬから、気をつけてゐるのに何してゐるのざ、いつ何《ど》んなことあっても知らんぞ。

エドは何うしても火の海ぞ、それより外やり方ないと神々様申して居られるぞ。

神は気もない時から知らして置くから、この神示よく読んで居れよ。一握りの米に泣くことあると知らしてあろがな、米ばかりでないぞ、何もかも人間もなくなるところまで行かねばならんのぞ、人間ばかりでないぞ、神々様さへ今度は無くなる方あるぞ。人間と云ふものは目の先ばかりより見えんから、呑気なものであるが、いざとなりての改心は間に合はんから、くどう気つけてあるのぞ。日本ばかりでないぞ、世界中はおろか三千世界の大洗濯と申してあろうがな、神にすがりて神の申す通りにするより外には道ないぞ、それで神々様を祀《マツ》りて上の御方からも下々からも朝に夕に言霊がこの国に満つ世になりたら神の力現はすのぞ。先づ神まつれと、くどう申してあることよく分かるであろがな。

世界中一度に唸る時が近づいて来たぞよ。

秋ふけて草木枯れても根は残るなれど、人間かれて根の残らぬやうなことになりても知らんぞよ。神のこのふみ早う知らしてやって呉れよ。八と十八と五月と九月と十月に気つけて呉れよ。

空に変りたこと現はれたなれば地に変りたことあると心得よ、いよいよとなりて来てゐるのざぞ、てんのゐへん気つけて居れよ。神くどう気つけて置くぞ。神世近づいたぞ。

神の力が何んなにあるか、今度は一度は世界の人々に見せてやらねば納まらんのざぞ。世界ゆすぶりて知らせねばならん様になるなれど、少しでも弱くゆすりて済む様にしたいから、くどう気つけてゐるのざぞ、ここまで世が迫りて来てゐるのぞ、早く気つかぬと気の毒出来るぞ、その時になりては間に合はんぞ。

今に人間何も言へなくなるのざぞ、神烈しくなるのざぞ、目あけて居れんことになるのざぞ。

四ン這いになりて這い廻らなならんことになるのざぞ、のたうち廻らなならんのざぞ、土にもぐらなならんのざぞ、水くぐらなならんのざぞ、人間可哀さうなれど、かうせねば鍛へられんのざぞ、この世始ってから二度とない苦労ざが、我慢してやり通して呉れよ。

おそし早しはあるなれど、一度申したこと必ず出て来るのざぞ。人間は近慾で疑い深いから、何も分らんから疑ふ者もあるなれど、この神示一分一厘ちがはんのざぞ。世界ならすのざぞ、神の世にするのざぞ、善一すじにするのざぞ、誰れ彼れの分けへだてないのざぞ。

海のつなみ気をつけて呉れ、前に知らしてやるぞ。

びっくりばこいよいよとなりたぞ、春マケ、夏マケ、秋マケ、冬マケてハルマゲドンとなるのざぞ、早う改心せんとハルマケドンの大峠こせんことになるぞ。大峠となりたらどんな人間もアフンとしてもの云へんことになるのざぞ、なんとした取違いでありたかとじだんだふんでも、其時では間に合はんのざぞ、逆様にかへると申してあろが、大洗濯ざぞ、大掃除ざぞ。

雨の神、風の神、地震の神、岩の神、荒の神にお祈りすれば、この世の地震、荒れ逃らせて下さるぞ、皆の者に知らしてやりて下されよ。

三月三日から更にきびしくなるから用意しておけよ、五月五日から更に更に厳しくなるから更に用意して何んな事起ってもビクともせん様に心しておいてくれよ、心違ふてゐるから臣民の思ふことの逆さ許りが出てくるのざぞ、九月八日の仕組近ふなったぞ。

冨士は何時爆発するのざ、何処へ逃げたら助かるのぞと云ふ心我れよしぞ。何処に居ても救ふ者は救ふと申してあろが、悪るき待つキは悪魔のキざぞ。結構が結構生むのざぞ。

火と水と申してあろうがな、火つづくぞ、雨つづくぞ、火の災《わざわい》あるぞ、水の災あるぞ、火のおかげあるぞ、水の災気つけよ、火と水入り乱れての災あるぞ、近ふなりたぞ、火と水の御恵《めぐみ》あるぞ。一度は神の事も大き声して言へん事あるぞ、それでも心配するでないぞ、

宵《よい》の明星が東へ廻ってゐたら、愈だぞ。天の異変気付けと、くどう申してあろがな。天の異変気付と申してあるが冬の次が春とは限らんと申してあろうが。夏雪降ることあるのざぞ。神が降らすのでないぞ、人民降らすのざぞ。人民の邪気が凝りて、天にも

地にも、わけの判らん虫わくぞ。訳の判らん病ひひどくなって来るのざから、書かしてある御神名分けて取らせよ。旧九月八日までに何もかも始末しておけよ。心引かれる事残しておくと、詰らん事で詰らん事になるぞ。もう待たれんことにギリギリになってゐる事判るであろうがな。

人民と申すものは生命が短いから、気が短いから、仕組少しでもおくれると、この神は駄目ぢやと、予言が違ったではないかと申すなれど、二度とない大立替であるから少し位のおそし早しはあるぞ、それも皆人民一人でも多く助けたい神の心からぢや、おくれても文句申すが早くなっても又文句を申すぞ、判らんと申すものは恐ろしいものであるぞ。

月は赤くなるぞ、日は黒くなるぞ、空はちの色となるぞ、流れも血ぢや、人民四つん這いやろ、逆立ちやろ、ノタウチに、一時はなるのであるぞ、大地震、ヒの雨降らしての大洗濯であるから、一人のがれようとて、神でものがれることは出来んぞ、天地まぜまぜとなるのぞ、ひっくり返るのぞ。

神世のひみつと知らしてあるが、いよいよとなりたら地震かみなりばかりではないぞ、人間アフンとして、これは何とした事ぞと、口あいたまま何うすることも出来んことになるのぞ、四ツン這ひになりて着る物もなく、獣となりて、這ひ廻る人と、空飛ぶやうな人と、二つにハッキリ分かりて来るぞ、獣は獣の性來いよいよ出すのぞ、火と水の災難が何んなに恐ろしいか、今度は大なり小なり知らさなならんことになりたぞ。一時は天も地も一つにまぜまぜにするのざから、人一人も生きては居れんのざぞ、それが済んでから、身魂みがけた人間ばかり、神が拾い上げてミロクの世の人間とするのぞ、どこへ逃げても逃げ所ないと申してあろがな、高い所から水流れるやうに時に従ひて居れよ、いざといふときには神が知らして一時は天界へ釣り上げる人間もあるのぞ。人間の戦や獣の喧嘩位では何も出来んぞ、くどう気付けておくぞ、何よりも改心が才一ぞ。

予言と結果

この方にだまされたと思うて、言ふ通りにして見なされ、自分でもビックリする様に結構が出来てるのにビックリするぞ。

予言と科学

科学は科学のことは判るがそれより上のことは判らん。科学はあるものがあると云ふことだけしか判らんのぢゃ。

学に囚《とら》われて御座るぞ。科学を越えて神の学に生きて下されよ。そなたは自分で自分の首をしめるようなことをして御座るぞ。

今度は神力と学力のとどめの戦ぞ。いくら学力強いと申しても百日の雨降ると何んなことになるか、人間には分るまい。百日と申しても、神から云へば瞬《マタタ》きの間ぞ。

人民もの言へんことになると申してありたこと近うなったぞ、手も足も出んこと近づいたぞ、神が致すのでない、人民自身で致すこと判りてくるぞ。人民の学や智では何とも判断出来んことになるぞ。右往左往しても、世界中かけ廻っても何もならんぞ、判らんでも判りた顔せねばならん時が来たぞ。ウソの上ぬり御苦労ぞ、人民がいよいよお手上げと言うことに、世界が行詰りて神のハタラキが現はるのであるぞ、日本人びっくりぢゃ、日本人はいくらでも生み出されるが日本の国は出来まいがな、身体中、黄金に光ってゐるのが国常立大神の、ある活動の時の御姿ぞ、白金は豊雲野大神であるぞ、判らんことがいよいよ判らんことになったであろうが、元の元の元の神の申すことよく聞きわけなされよ。神の学でなければ今度の岩戸（言答）はひらけんぞ。

日本の国はこの方の肉体であるぞ、（国常立大神）国土おろがめと申してあろうがな。日本の国は世界の雛《ひな》形であるぞ、雛形でないところは真の神の国でないから、よほど気つけて居りて呉れよ、一時は敵となるのざから、ちっとも気許せんことぞ。雛形見てよく腹に入れておいて下されよ、後悔間に合はんぞ。

予言と日本

日本の国は一度つぶれた様になるのざぞ。一度は神も仏もないものと皆が思う世が来るのぞ。その時にお蔭を落さぬやう、シッカリと神の申すこと腹に入れて置いて呉れよ。日本の国は世界の雛形であるぞ、雛形でないところは真の神の国でないから、よほど気つけて居りて呉れよ。

山の谷まで曇りてゐるぞ、曇りた所へ火の雨降るぞ、曇りた所には神は住めんぞ、神なき所愈々ざぞ、ひどい事あるぞ、神がするのではないぞ、人間自分でするのざぞ、一日一日のばして改心さすやうに致したなれど一日のばせば千日練直さなならんから神は愈々鬼《オニ》となって規則通りにビシビシと、らちあけるぞ、もう待たれんぞ、何処から何が出て来るか知れんぞと申してあろがな。花火に火つけよ、日本の国の乱れて来たのは来《コ》られんものを来らしたからぞ。三千年の昔に返すぞ、三万年の昔に返すぞ、三十万年の昔に返さなならんかも知れんぞ。

今の世はひらけたと申しているが、それは半面だけのこと、半面がひらけると半面がとざされる世の中、開け放しの明るい世が目の前に来てゐるぞ、用意はよいか、真中うごいてはならんと申してあろう、動くのは外ぢゃ、忙しい忙しいと申すのは外側にゐる証拠であるぞ、気つけて早う中心に飛込めよ、真中結構、日本は真中の国であるぞ、日本精神は真中精神、末代動かぬ精神であるぞ、三千世界の大掃除であるから、掃除するには、掃除する道具もゐるぞ、人間もゐるぞ、今の有様では、いつ迄たっても掃除は出来ん、益々けがれるばかりぢゃ、一刻も早く日本から、日本を足場として最后の大掃除を始めて下されよ。神が致すのでは人間がかあいそうながら、ヽヽヽくどう申してゐるのぞ。

ひふみ新世紀

発行日
2001年7月25日初版
2009年12月15日第7刷

著　者
岡本天明

装　幀
相澤靖司

発行者
藤本実千代

発行元
コスモビジョン
〒142-0053
東京都品川区中延4-20-3
☎03(3786)1037
FAX03(3786)3604

発売元
太陽出版
〒113-0033
東京都文京区本郷4-1-14
☎03(3814)0471
FAX 03(3814)2366

印刷・製本
壮光舎印刷／井上製本

万一落丁、乱丁の場合はお取り替えいたします。

ISBN978-4-87666-074-2

黎明（上巻）（下巻）

人間とは何か？　世界中で起きている事象はいったいどんな意味を持つのか？　人類永遠のテーマ「普遍意識の目覚め」に真正面から取り組み、文字で語りうる最高の真実が遂に完成。構想２年、執筆13年８カ月を経て地球変容の時期に向けて放たれた一条の心理の光！！

——— 主な内容 ———

【上巻】

世界という幻／物質の存在／表現媒体／人間／普遍意識／創造の原理／地球生命系／誕生と死／アストラル・レベル／メンタル・レベル／生れ変り／地球の変容／大師／潜在能力／チャネリング

【下巻】

善と悪／地球の先住民／光と影の識別／音楽／地場調整／ピラミッド／日常の生活／霊的向上の方法と瞑想／宗教／占星学／新しい時代の地球

葦原瑞穂＝著

【上巻】A5判／368頁　【下巻】A5判／336頁

定価各2,730円（本体2,600円＋税5％）